After

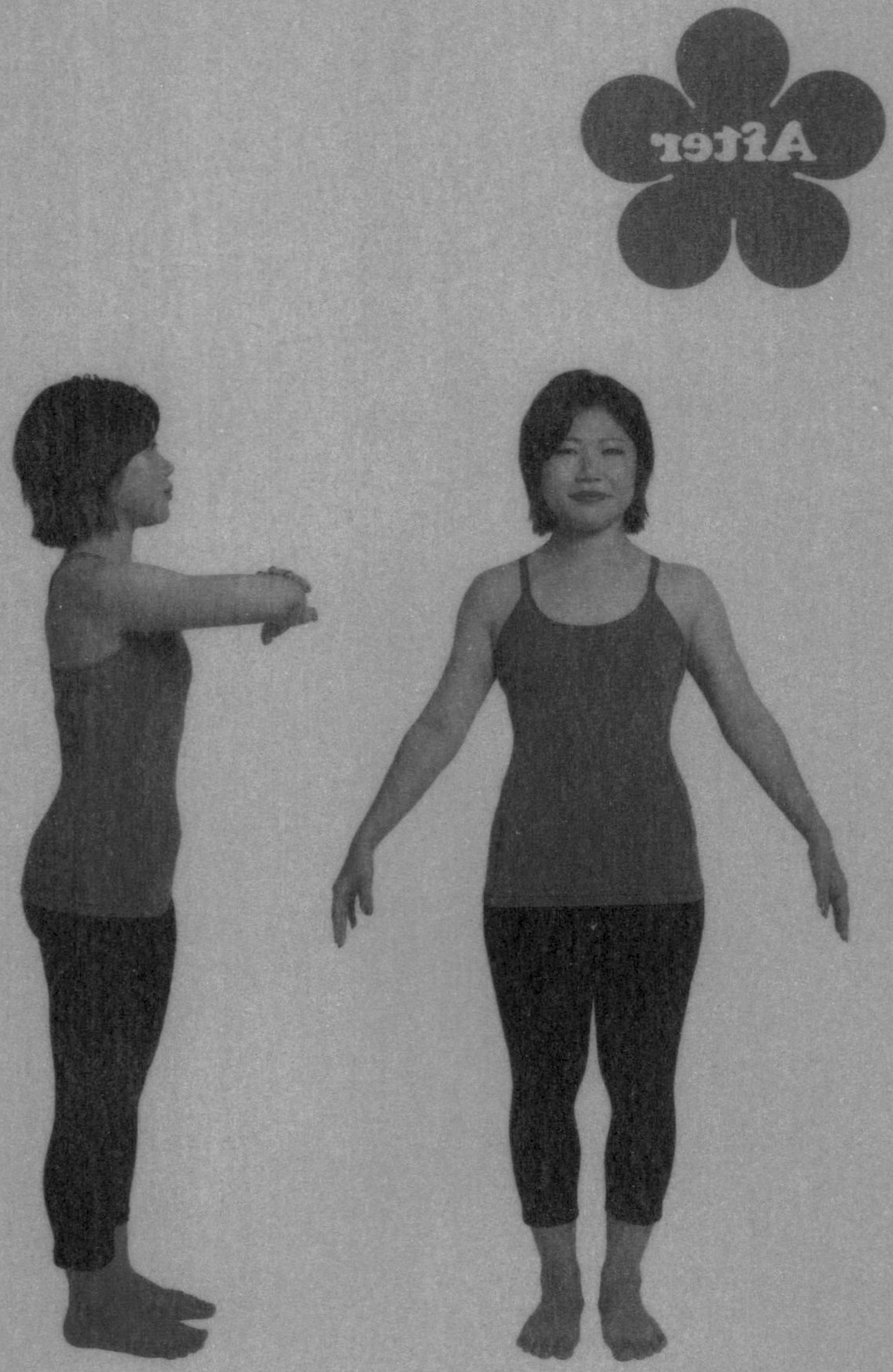
After

Before

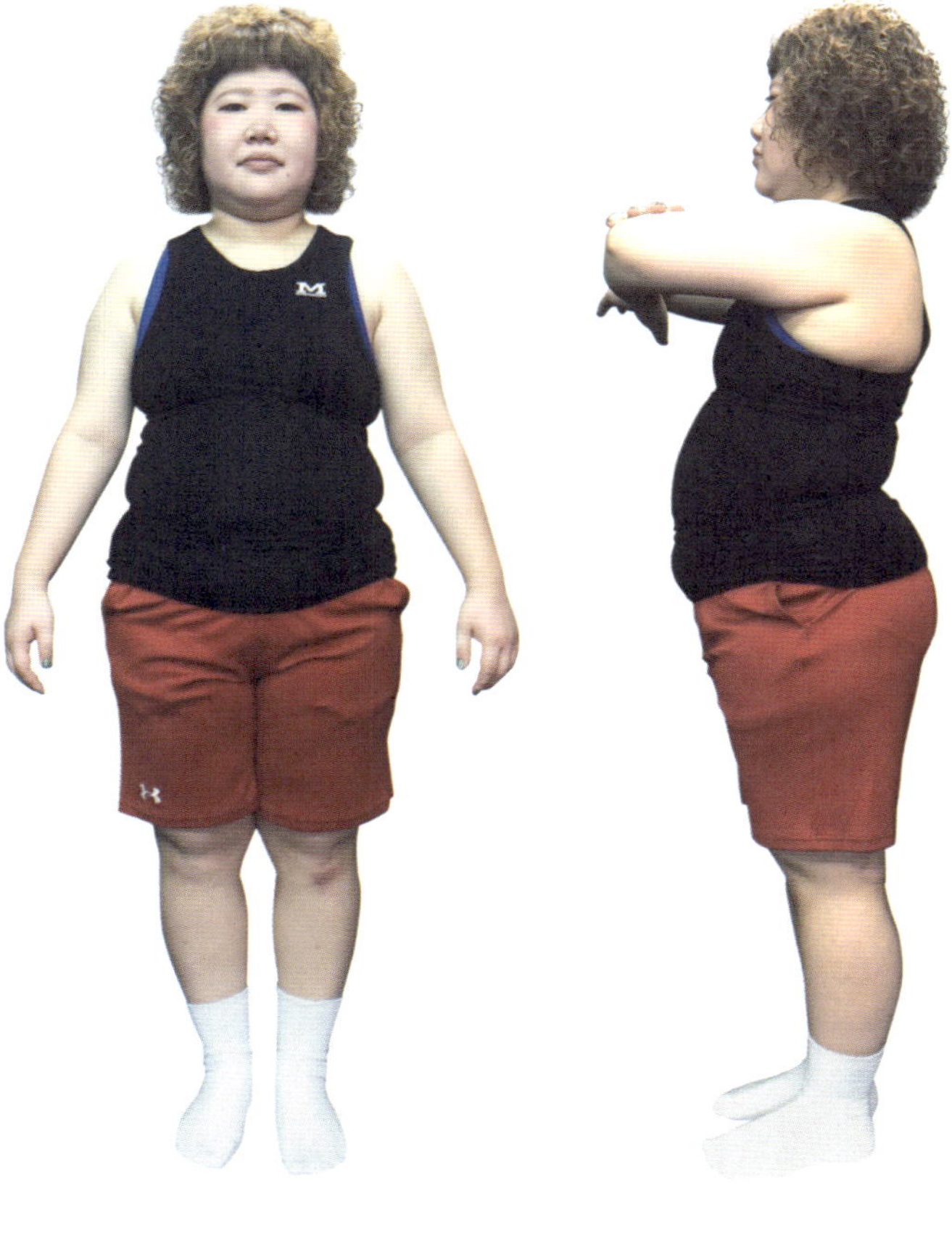

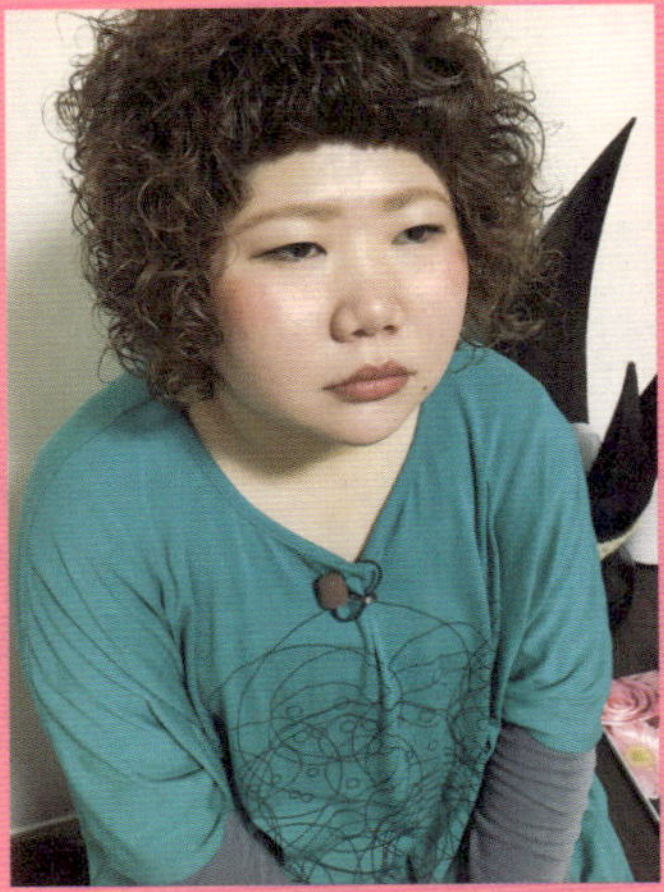

大丈夫!!! 痩せるから!! まじで!!!

光美
Mitsumi

YOSHIMOTO BOOKS

痩せたことで、服の着方・見せ方が変わった。

After

Before

Before

After

はじめに

2018年4月、私の体重は**85キロ**ありました。

身長は153センチ。ええ、完全なるおデブちゃんでした。

だけどそこから3カ月、本気のダイエットで〝**24キロ減**〟。それからは完全なるプライベートで追い込みダイエットを続け、いっとき51キロまで落としました。

芸人仲間には、あだ名をつけられました。

「ダイエットおばちゃん」

「激痩《げきや》せねーさん」

「痩せても可愛くはならない人」（いや、最後のやつはただの悪口やん！）。


あれから、1年。多少の増減はあるものの、**体重は50キロ台をキープ**。ええ、**リバウンドしてません**。すごいでしょ？

右がコンビを組んでいた元・相方。左が太っていた頃の私。お腹がボヨンボヨンで、衣装のボタンが締まらへん。

ダイエットのきっかけは、読売テレビの『あさパラ！』という番組の企画でした。つまり、痩せなきゃいけない事情があったんです。

それまでの私は、「痩せないとヤバイ」って口に出すだけで、まじで痩せる気なんてありませんでした。このままでも全然いいやん！って、心のどっかでずっと思っていました。

危機感あるフリして、危機感ゼロ。

だからぶっちゃけ、企画が終わればダイエットをやめてもよかった。

でも、やめなかった。理由はいっぱ

いあるんですけど……トレーニングにハマッた。**変わっていく自分を見るのが楽しくて仕方がなくなった。**

なにより、あれだけしんどい思いをしたからこそ、今まさにダイエットを頑張ってる人の力になりたかった。

今の自分がいるのは、みんなが見てくれてたから。

今、筋トレやボディメイクがブームになってて、女優さんやモデルさんが鍛えてる姿をＳＮＳにアップしてますけど、**「そもそも骨格や足の長さが全然ちゃうし、同じカラダになれるわけないやん！」**って思いますよね？（いや、なれるんならなりたいで!? 北川景子さんとか石原さとみさんみたいな、ものごっついベッピンさんに!!）

ジムに通い始めたものの、トレーナーさんはもともと太ってない人ばっかりだから、なにかアドバイスされても「いやいや、あんた太ってる人のつらさわからんやろ」って素直に聞けなかったりしますよね？

でも、**かつてはマックス85キロあった私なら、伝えられる。**

コンビを組んでいた元・相方いわく、私は「精神面のプロ」らしいです。ダイエットのスイッチが入らない。食べたい欲にまみれてどうしようもなくなる。いざダイエットしてもすぐに挫けそうになってしまう。体重減らなくてヘコむ。リバウンドして努力がパーになる……。

これすべて、私も経験してきました。そして、それらを全部乗り越えて今がある。人はここまで変われるんだと、身をもって証明できたんじゃないでしょうか。だけど、私のダイエットはまだまだ終わっていません。今も必死こいてダイエットを続けてます。みなさんと一緒です!!

そんな中、ライフワークになりつつあるダイエットを通じて私が悟ったのは、**「簡単に痩せられるダイエットなんてない。成功するかしないか、結局は自分のメンタル次第」**だということ。

「○○するだけで痩せる」「好きなものを食べながら痩せる」「ノンストレスダイエット」とか、よく聞きますよね。

でも**そんなうまい話、あるわけない**。本気でダイエットするなら食事制限は必須だし、運動もしないとダメ。

マジメにやれば絶対にしんどいし、ストレスだってめちゃくちゃかかります。

「ラクしてダイエット」なんて絶対に無理。

だからこそ、**ダイエットはメンタルで勝敗が決まる**んです。

すべては自分の心構《こころがま》えひとつ。私がこの本でみなさんに伝えたいのも、そこです。

いかにダイエットを成功させたのか。どうやっていろんな誘惑に打ち勝ってきたのか。なぜリバウンドしないのか。

私が実際にやってきたことをすべて、お話しします。

勘違いしてほしくないのが、私が経験したダイエットをそのままマネをして欲しいわけではない、ってこと。私がやった短期集中型のダイエットは、誰にでもおすすめできるものではありません。

だって、「ダイエットは1カ月で2、3キロ落とせば上出来」と言われている中、3カ月で24キロの減量ですよ？　並大抵の努力では無理。全員がそのやり方で成功するとは思わない。

ダイエットなんて、100人いたら100通りのやり方が存在します。その人に合ったダイエットは必ずあります。それぞれ、自分に合ったペースでダイエットをするのが一番いい。

だから、この本では、トレーニングや食事のノウハウを深く掘り下げて解説したりはしません。それはプロの方に聞いたほうがいい。

私は、ダイエットをするときの心構えを、みなさんに伝えたい。
この本をきっかけにして、ダイエットにくじけそうな気持ちを、底上げしてもらえたらうれしいです。

大丈夫!!! 痩せるから!! まじで!!!

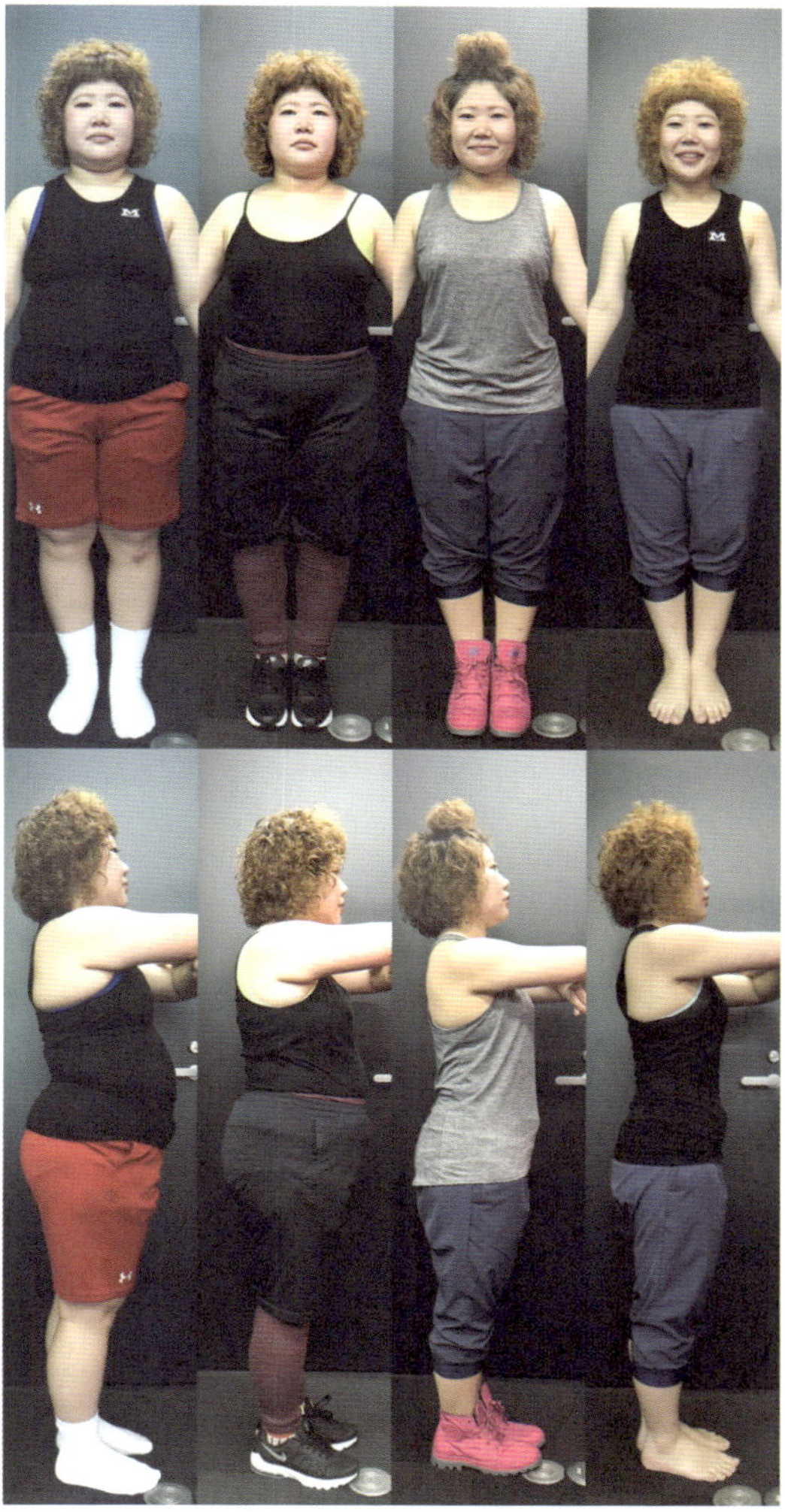

左から順に、ダイエット開始時、13日後、76日後、89日後。

CONTENTS

「自分はまだ大丈夫」
と思ってない？
環境に甘えると
デブまっしぐら。

「自分はまだ大丈夫」
と思ってない？
環境に甘えるとデブまっしぐら。

高校を卒業してすぐＮＳＣ（吉本総合芸能学院）に入ったときは、58キロ。世間的にはまだ〝ぽっちゃり〟の部類でした。

そして幸か不幸か、同期には大きい人が多かった。尼神《あまこう》インターの誠子《せいこ》も同期なんですが、当時の彼女は、見た目は今の倍くらい太ってて。「自分はまだ細いほうや」って安心しきってました。

だから、体重計にのって62キロだったときも危機感はあまりなかった。「65キロになったら考えよう」。66キロになったらなったで、「70いったら考えよう」。ずっとその繰り返し。さすがに75キロの数字を見たときは「マズいな」と思ったけど、「いや、見た目はそこまで変わらんやん」って、結局開き直っちゃった。

自分のことは毎日見てるから、外見がそこまで変化してると気づけないんですよね。そのときは膝《ひざ》が痛いとか不調とかもなかったし。

大阪のなんばで偶然、高校時代の友達に会ったときも、「めっちゃ大きなってる！」って指摘されたけど、「あー、そうなんや」って、まったく堪《こた》えなかった。

MAXに太っていた頃。常になにかを口に入れてないと、落ち着かへんかった。

なんなら「これも芸の一環や」みたいな。芸人をやってることがデブの免罪符になってると本気で信じてました。

さらに体重の増加に拍車をかけたのが、アルバイト先を変えたこと。

数多くの芸人が働いてきた個人経営の餃子屋で、とにかく居心地がいい。今もそこでバイトをしてるんですが、まかないはいつ食べても、何回食べてもOK。食後に「甘いもん食べたい」って言ったら、わざわざ大将が隣のコンビニに行ってたい焼きを買ってきてくれるほど。もうデブまっしぐらの環境ですよね。

「自分はまだ大丈夫」
と思ってない？
環境に甘えるとデブまっしぐら。

ご多分にもれず、大将の優しさに甘え続けた私も、1年が経つ頃にはさらに10キロ増。いつの間にか85キロに！

いよいよ痩せなきゃ、って初めて思いました。

でも、口だけ。深夜に食べるのをやめたり、まかないをサラダメインにしたり、甘い物をガマンしたりしてみるものの、キレイに三日坊主。その日1日だけ、もしょっちゅう。だからバイト先の人たちには、私がダイエット宣言をしても「はいはい（またか）」って聞き流されていました。どうせ食べるんやろ、って。まあ、その通りなんですが。

私、**空腹の時間が大嫌い**やったんです。イライラしかしない。だから常になにか口に入れていた。

意外かもしれませんが、太ってた頃から1回に食べる量は少なかったんです。そのせいですぐにお腹がすいて、1日8回くらい食事をしていた。

食事の回数を増やすダイエット法もありますが、それはあくまでも1日の総カロリーを小刻みにするのが前提。私の場合は、マクドナルドのポテトやポテトチップス1袋など、高カロリーの食べ物で小腹を満たしていたので、完全にカロリーオーバー。痩せるはずがない。

そのうえ、**運動が死ぬほど嫌い**やったんで、休みの日は家からまったく出なかった。

前日のバイト帰りにコンビニで、夜食のご飯、チョコレートなど甘い系のおやつ、スナック菓子などしょっぱい系のおやつ、ペットボトルのミルクティーを2本。さらに休日はお昼過ぎまで寝るので、お昼ご飯も購入……したつもりが、ベッドに寝転びながら明け方近くまでダラダラと過ごしているうちに、気づけば翌日のお昼ご飯まで完食。

結局、明日のご飯と言いつつも、そのときに食べたいものを選んでるからガマンができないんですよね。

しかも、住んでいるマンションの1階がコンビニ。起きたら、すぐに足を運んで、

また同じようなメニューをひととおり買って……という生活でした。

つまり、**なるべくしてなった85キロ**。私には太る〝才能〟と、それをいかんなく発揮できる〝環境〟があったわけです。

3カ月で24キロ減！　人間、やればできる。

NSCに入ってブクブク、餃子屋で働き始めてブクブク、しばらくして大阪にある実家を離れひとり暮らしを始めてから、さらにブクブク……。

右肩上がりに体重が増えていく娘をさすがにほうっておけなかったのでしょう。29歳のとき、「一回実家に帰ってこい」と父親に呼び出されました。

まともなご飯を食べてたら、そこまで太らない。このまま不規則な生活を続けていたら病気になる。

「万が一のことを考えて、生命保険に入れ」

父親は、ホンマに心配だったみたいです。帰ったその足で、半《なか》ば無理やり保険会社に連れていかれました。めっちゃ嫌で何度も抵抗したんですが、「ホンマに、頼むから入ってくれ」って懇願されて。だったらせめて一番安いプランで！って仕方なく折れました。

そこで初めて知ったんですが、保険料って年齢や体重によって変わるんですね。だったらやっぱり少しは痩せたほうがいいよなぁって、ダイエットに対する意識が少し変化しました。いやその段階では、ホンマにちょっと、ですけど。

そんな矢先。『あさパラ！』のコーナー企画で、ダイエットジムを4軒回るロケの仕事が入ったんです。そして実際にジムを体験してみて、また少し、ダイエットへの意識が高まった。

深夜に食べない、甘い物をガマンするなど、とりあえずは自分にできそうなことをして、2〜3キロダウン。

せっかく取材したことだし、ジムに行ってみようかな。でも、どのジムに通えばいいんだろう。それに、ひとりじゃ勇気が出ないな……。

「自分はまだ大丈夫」
と思ってない？
環境に甘えるとデブまっしぐら。

悶々と悩んでいるところに、再び『あさパラ！』からオファーが。

「ダイエットの企画があるんですけど、本気で痩せたいですか？」

「……痩せたいです！」

とはいえ、正直このときは成功するとは思っていなかった。ぐうたらするのが大好きですし、言うても芸人なんで、失敗してもそれはそれでおもろいやん、どうにでも転げられる、というのが頭にありました。

結果、当初の目標・マイナス19キロを5キロも上回る、**24キロ減！**

人間、やればできるものなんです。

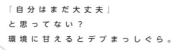

スイッチは無理やり
入れなくていい。
自然にスイッチを
入れられた人が
成功する。

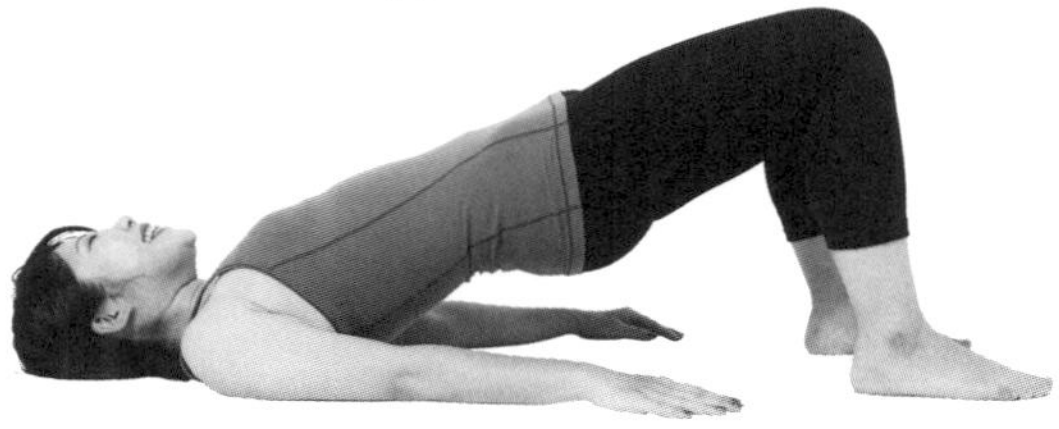

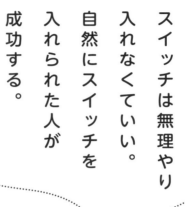

スイッチは無理やり入れなくていい。
自然にスイッチを
入れられた人が成功する。

もちろん、太っているからって、無理やりダイエットをしなきゃいけないわけじゃない。口だけの人が悪いとも思いません。

体重計にのって「マジでヤバイ！」と焦った。お気に入りのズボンがはけなくなった。それでスイッチが入ったなら、始めればいい。それでもスイッチが入らなければ、そのままの生活を続ければいい。

だって、ダイエットを始めないのは、今の体重や体型をそこまで嫌だと思ってないから。「まぁ別に不自由してないし、そこそこ恋もオシャレも楽しめてるし」ってね。

スイッチが入っていない人に「痩せやー」って忠告したところでなにも響きません。本人が危機感を感じてなければ余計に。私自身がそうでした。

「痩せたいなぁ」「痩せないと……」って言うだけじゃ、絶対に痩せない。「ダイエットしなくちゃ」だけでは先に進めません。

「なかなかスイッチが入らない」という人もいますが、スイッチなんて無理やり入れんでいい。無理やり入れた人は続かないです。**自分で自然に「よし！」とスイッチを入れられた人が成功する。**

それに、人間必ずどこかでスイッチが入ります。そのときまで待つのもひとつのやり方じゃないでしょうか。

そのために大事なのは、**「どんな自分になりたいか」を日頃から想像しておくこと。**

クールビューティ？　ほんわかとした癒し系？

イメージできれば、おのずと自分はなにをすべきか、答えは出てくるはず。

結果、**なりたい自分にダイエットが必要なければ別にしなくてもいいし、必須なら本気でやる。**

勉強もそうじゃないですか？　目標もないのに親にいくら「勉強しろ」と急《せ》かされても馬の耳に念仏ですが、「この大学にどうしても入りたい！」という強い思いが自分にあれば必死に勉強しますよね。

**スイッチは無理やり入れなくていい。
自然にスイッチを
入れられた人が成功する。**

部屋の片付けもそう。好きな彼が来るとなったら、どれだけ片付けが苦手でも必死で掃除をします。

ダイエットも同じです。

私はずばり、「**かっこつけたい**」。

ダイエットというよりは、人生において。芸人になりたいと思ったきっかけもそこ。「面白くなりたい」は当たり前で、その次が「かっこつけたい」。つけられないのに。

でも本来の自分にはできないことだからこそ余計、そういう人間になりたかった。街で、「光美さんや！」って指をさされたい。帽子＋サングラス＋マスクの3点セットで歩きたい。大阪の芸人ではなかなかいないですけど。

で、この先かっこつけるため、私にはダイエットが必要だったわけです。

始めるきっかけはなんでもいい。このパンツがはけるようになりたい。素敵な彼氏が欲しい。石原さとみさんみたいになりたい……。他人からしたらアホみたいな目標でいいんです。それで自分が本気になれるなら。

本気になればなるほど、ダイエットは続けられます。

それでもし失敗しても、「まだ本気じゃなかったんやな」で終わり。また次のスイッチを探せばいい。

悩む暇なんかないですよ。本気でダイエットしたら、悩めるほど冷静な自分ではいられません。ダイエットはそんな生やさしいものじゃない。

あわよくば楽をしようという自分とはお別れしましょう。

楽せず痩せた実績を持つ私が言うので間違いありません！

〝適度〟では3カ月で24キロ痩せません

ダイエットは、「適度な食事制限と、適度な運動」とよく言いますが……ぶっちゃけ、〝適度〟では3カ月で24キロも落ちません。

私が挑戦した〝本気のダイエット〟はこんな感じでした。

スイッチは無理やり入れなくていい。
自然にスイッチを
入れられた人が成功する。

1　間食をいっさいしない（3カ月でなにがしんどかったって、これが一番きつかった。なにせ1日8回、食事してた人間なんで）

2　飲み物は、水・お茶・ブラックコーヒーなどカロリーゼロのみ

3　コンビニで買っていいのは飲み物オンリー

4　毎日のようにジムに行って、筋トレを1～3時間、有酸素運動を1時間みっちりやる（ピーク時は週に8、9回。1日5～6時間、ジムにいることもしょっちゅう）

5　食事・運動をきっちり管理して支えてくれるパーソナルジムのトレーナーさんの指示は絶対に守る

6　嘘をついてちょっと食べたりしない

7　メニューを考えるのが面倒になってきたら、鶏のムネ肉、ブロッコリー、アスパラガス、卵白でローテーション

泣きそうになりながらトレーニング。

などなど。言い出したらキリがないくらいあります。

短期間で痩せたい気持ちはわかるけど、それなりの覚悟と根性がいります。達成したあと、リバウンドしない固い決意も。

私自身、制限されたご飯を食べるのが嫌になったし、毎日泣きそうになりながらジムに通いました。実際、とことん追いつめられてジムで2回、号泣しました。今、思い出しても泣きそうになる。

ね、ツライでしょ？　だから、みなさんにはここまでやれとは言いません。本気を出せばここまで痩せられる、というだけ。

スイッチは無理やり入れなくていい。
自然にスイッチを
入れられた人が成功する。

もちろん、ここまでハードでなくても、地道にコツコツ「適度な食事制限と、適度な運動」を続けていれば、確実に痩せていきます。

食べてない。飲んでない。本当に？

ねほりはほり聞いたら、やっぱりね……のパターンが多くないですか？
まずは今の食事や運動を見直すことから始めましょう。焦らずに！

努力したぶんだけ、
結果が出るのが
ダイエット。

努力したぶんだけ、結果が出るのがダイエット。

〝本気のダイエット〟が2カ月目に入った頃、だんだん痩せていく自分が不安になってきました。

漫才にデブネタを入れていたわけではなかったけれど、舞台やテレビでの芸人仲間による〝デブいじり〟はそれなりにおいしかったし、多少のキャラづけにもなっていた。それが、仕事とはいえ順調に痩せてしまうのは、芸人として順調ではないんちゃうか？　そんな葛藤があった。

だから、とりあえず3カ月はきっちりダイエットを続けるけども、**終わったら絶対に70キロまでは戻そう**と決めてました。

でも、『あさパラ！』のMCを務めているハイヒールのモモコさんにそれを打ち明けたら、**「戻したら、あかん」**と言っていただいた。

「もともと痩せてて太った芸人はいっぱいおるけど、太ってて痩せた芸人はほぼおらん。それを仕事にしたほうがええんちゃうか？　今、芸歴も重ねている中で、なんか一個でもプラスアルファの売りを持ってないと、あんた出られへんで」

大先輩の言葉に、目が覚める思いでした。

確かに、今の私のプラスアルファってなんやろ？って考えても、なにも浮かばない。だったら、女性にとって永遠のテーマでもあるダイエットという売りを手に入れたら強いんちゃうか？

それなら戻さんとこ。

ただそのときは、3カ月で痩せられるだけ痩せて、リバウンドだけせんかったらええわ、くらいの気持ち。

とにもかくにも、3カ月後の体重がゴールやと思ってました。


それなのに、**なぜ現在もプライベートでダイエットを続けているのか。**

ずばり、**「その先が見たくなった」**から。

企画が終わったあと、お世話になったパーソナルジムの社長に「せっかくやから、48キロまでいこうや」って冗談とも本気ともつかないハッパをかけられて火がついた。

努力したぶんだけ、
結果が出るのが
ダイエット。

48キロの私を見てみたい。

自分の体重を意識し始めた高校生の時点ですでに50キロ台だったんで、想像がつかない。40キロ台の時代なんてあったっけ?みたいな。

だから、48キロになったとき自分はどうなってるのか、見てみたくなった。

あ、痩せよ。ダイエット続けよ。

それに、今後のダイエット人生において、24キロ痩せた過酷な3カ月以上に苦しいことはこの先ない。だから、余裕。今もそう思っています。


なにがきっかけでダイエットを始めるのかは人それぞれで、なにがきっかけでダイエットを続けるのかも人それぞれ。

モデルさんみたいに可愛くなれなくてもいい。てか、なれるわけがない。原石が違いすぎる。いや、私はね。

けど、そんな私でもここまでなれました(顔は別!)。

誰でも、努力したぶんだけ結果が出るのがダイエットなんです。

極限状態で、
世界で一番
おいしいものは
「水」だと知った。

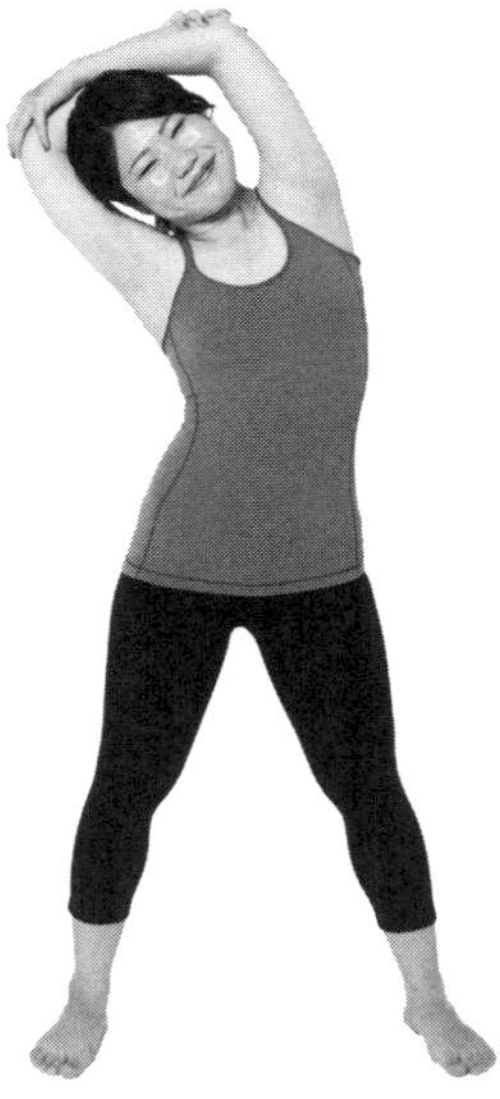

極限状態で、世界で一番おいしいものは「水」だと知った。

ダイエット企画の目標は当初、マイナス19キロ。実は、3カ月目の早い段階でクリアしていました。だから残りの数週間はこれを維持するだけでいいと言われていたんです。

でも私は首を縦に振らなかった。ランナーズハイみたいな状態になっていたのと、ダイエットを仕事にしたいと決意もしていたので、逆にしんどいことをしたかった。

自分が体験していないのにあれこれ講釈をたれるのは好きじゃないし、しんどいことを経験すれば説得力も出るに違いない、と。

だから最終的に2回、水を抜いた。もはやボクサーですよね。普通にダイエットをしているみなさんは絶対にマネしないでください。

1回目は、3カ月ダイエット最終日のロケ前日。

普通、アスリートの方は水を抜くとなったらまず家から出ないし、動かないのだそう。にもかかわらず、私は前説《まえせつ》（テレビ番組を観覧するお客さんに、注意事項などを説明する仕事）が入っていた。だから専属トレーナーには「しなくていい」と言われていました。でも、強行した。

なんか不安もあったんです。それまでの過酷なダイエットのせいで神経が過敏になってるせいもあり、水1滴でも飲んだら1キロ増えるんちゃうか、と本気で考えてた。そうなったら、今までの苦労が水の泡や、って。

それで、さらに絶食もしました。その日1日、水500ミリリットルと、「ホンマに倒れるから飲んでくれ」とトレーナーに懇願されて朝・夜にプロテインのみ。

7月の暑い最中だったので、もうからっからの状態ですよ。それでも気合いで乗り越え、約21キロ減の62キロに。翌日のロケも無事終了。

……というわけにはいきませんでした。

私と一緒にダイエットをしていた番組のADさんが、目標体重に間に合わなかったんです。で、「11日後の生放送までに達成させます！」と宣言。生放送で

極限状態で、
世界で一番おいしいものは
「水」だと知った。

公開測定をすることに。

「だったら私（光美）も生放送までに50キロ台まで落とします！」

ついでに私も新たに目標を立てて、追加の11日間、過酷なメニューを続行。なにをとち狂ったのか、生放送の前日には再び水抜き＆絶食。さすがに汗1滴も出なかったです。

もちろん、生放送でも目標をクリア。

ようやく終わった。水飲める。

……というわけにはいきませんでした（またかいな）。

生放送が終わってすぐにＡＤさんが水を持ってきてくれたんですが、悲しいかな、私はまだまだ下っ端の芸人。５００ミリリットル入りのペットボトルを手に、続々とスタジオを後にされる先輩方に頭を下げ続ける。

永遠かと思うほど長い見送りの時間を経て、ようやく全員はけた、と聞いた瞬間、一気飲みですよ。それくらい水を欲してた。

そのおいしさといったら！

よく**「ダイエットが終わってなにが一番おいしかったですか？」**という質問をされるんですが、なにを差し置いても**「水」**。

そう答えると「かわいそう」と同情されるんですが。

極限状態の中、世界で一番おいしいものは「水」だと知りました。

私が水を抜いたのは、「体重を落としたかった」のではなく、「しんどいことを体験して、それがどれだけ危険なのかを確実に自分のカラダで知っておきたかった」からです。

だから、何度も繰り返しますが、みなさんはマネをしないでくださいね。

ダイエット前後で
思考が激変。
幸せの形も
変わった。

生放送直後に食べたもの。

チョコレートケーキ。カレーパン。パンケーキ3種類。お寿司。アイスクリーム。ハンバーガー。

チョコレートケーキとカレーパンは、お世話になったジムの人たちが楽屋に差し入れてくれました。不思議なことに、減量している人が食べたいものって似るらしいです。それはもう、おいしかった。制限していた糖分がカラダ中に染み渡ってくる感じ。

そしてテレビ局を出たあとは、後輩を連れてパンケーキ屋へ。でも胃が小さくなっていたようで、3種類頼んだのに一口ずつで満足しちゃった。

でも、「自由に食べられる！」という欲は相当なもんで、お腹いっぱいにもかかわらず次はお寿司屋へ。そこでも2、3貫で終了。

それでも飽き足らず、喫茶店に行ってアイスクリーム。塩気が欲しいと、マクドナルドでハンバーガーセットを注文。

もう1日、なにかしら食べてました。食べ物屋を永遠に回れるわ、ってくらい。

ダイエット前後で思考が激変。幸せの形も変わった。

とはいえ、実際に胃に入っている量は少なかったわけですが。

でも、カラダが変わると思考も変わるのか、**一通り食べて欲を満たしたら、今度はまたダイエットがしたいと思うようになった**んです。

以前は「だらけている自分が好き。ぐうたらが一番の幸せ」と信じて疑わなかったのに、今では**「ダイエットが楽しい!!」**に。

ダイエット前後で幸せの形が変わりました。

もちろん、ダイエット中はめっちゃしんどいですよ。好きなものをガマンしなアカンし。それでも、「体重が落ちていく自分」を想像するだけでめっちゃうれしくなってくる。この日からダイエットをスタートさせると決めたら、「朝はこれして、これを食べて……」とワクワクしながら頭の中できっちり予定を立てている。

本来なら嫌なことのはずのダイエットを楽しんでいる自分がいるんです。

食べたいものが食べられなくてかわいそう？　つらくない？

いえ、まったく。

そりゃ、好きなもの食べたいですよ。欲は止まりません。でも、今食べてしまった結果、努力して作ったカラダが崩れるんやったら食べないほうがいい。崩れるほうがツライ!!

だから食べられなくてもまったくつらくないし、かわいそうだと思わないでください。しつこいようですが、私、ダイエットを楽しんでるんで。

そういう意味では、**「考え方がものすごく前向きになった」**と周りにもよく言われます。自分を追い込んでいた最初の3カ月は完全にブラックオーラだったけど、終わってからめっちゃ明るくなった。毎日がホンマに楽しそうだ、と。

別にもともと根暗な人間ではなかったですよ。でも、後ろに背負っているものが違うらしい。脂肪と一緒にそげ落ちたのかもしれません。

確かに自分でも、悩みの方向性が変わったな、と自覚しています。

ダイエット前後で
思考が激変。
幸せの形も変わった。

前までは「先に進まへん、どうしよう」だったのが、今は先を見ている中で「より良くするにはどうするのがベストやろう」と考えるようになった。「まずはとりあえずやってみよう」とも。とりあえずでもやらなかった人間が。

ダイエットでの成功体験は、私にポジティブシンキングまでもたらしてくれたみたいです。

「え？　痩せた？
どこが？」
周りの言葉は素直に
受け止めるべし。

「え？　痩せた？　どこが？」
周りの言葉は
素直に受け止めるべし。

頑張ってダイエットしたのにそんなん言わんといて、って経験ないですか？
「え？　痩せた？」「どこが？」「変わらんやん」「もっと痩せてから言えよ」

モチベーション下がりますよね。

私も周りの芸人仲間から散々けなされました。ダイエット企画が1カ月を過ぎた頃で、すでに8キロも落ちていたのに。

当時は自分の努力が否定された気分で、「いや、8キロ痩せたし！」「変わってるし！」って意地になって言い返してました。けど冷静に考えると、スタートが83キロで、8キロ減ったところでまだ70キロ台。周りにしてみればおデブちゃんのまんまなんです。

つまり、**「え？　どこが？」って言葉が真っ当な意見**。腹立つのはわかるけど、素直に受け止めないとその先のダイエットは楽しめません。私の場合は、〝なにくそ精神〟で乗り越えた。

そのうち、かけられる言葉が変わってきます。

「え？　どこが？」から、**「あ、ちょっと痩せたな」**に。

そこからまた頑張れば、**「また痩せた？」**。

最終的に、**「お前すごいやん。どこまでいくねん」**。

その言葉を引き出せたら、もうこっちの勝ち。どや!!って気分。モチベーションは上がる一方で、ダイエットにもますます前向きに取り組める。

だからこそ**「え？　どこが？」でくさってしまうのはもったいない。まずは「ちょっと痩せた？」と言われるようになるまで日々努力。**

継続は力なり。ならぬ、継続は痩せるなり（なんもかかってへんけど）。

他人の言葉ってホンマ大きい。

その点では、私にとってトレーナーさんの存在はホンマに心強かった。

なにしろ、完全にダイエットについて無知だったわけですから。食事に関しても運動に関しても。「これは意外に糖質多いから夜は食べないほうがいい」「このトレーニングはここの筋肉を意識すると効果が出る」。そういう知識を徐々に蓄えていくことができました。

「え？　痩せた？　どこが？」
周りの言葉は
素直に受け止めるべし。

くじけそうになったときにあえて厳しい言葉をかけてくれた、ちょっとした妥協さえ許してくれなかったのも私にはありがたかった。「仕方ないな～、ちょっとだけやで」なんて優しくされたら、それに甘えて隠れて食べたりトレーニングをサボったりしてたはず。

「そろそろ気合い入れ直して、本気出して」

何度言われたことか。そのたびに、なにくそ！と自分を発奮させられた。

芸人仲間にも救われました。

ダイエット生活が始まったばかりの頃、なぜかご飯が喉を通らず、まともに食べられない時期があった。どうやら、ひとり寂しく低カロリーな食事をとっているせいで食べる気が失せてしまったらしい。

そんな中、手を差し伸べてくれたのが、先輩の藤崎マーケット・田崎さん。舞台の合間に、ご飯に連れていってくださった。

「すみません、あんまり食べられないかもです」なんて恐縮していたら……びっくりするくらい食べられた。

人と話をしながらのご飯って、こんなにおいしかったっけ？

ダイエットのおかげで、誰かと食事する大事さを知りました。


なにより私のモチベーションにつながっているのが、インスタ。

「光美さん見てモチベーション上がりました！」

「励みになります！」

そんなフォロワーさんたちからのうれしい反応が、私のやる気をますますアップ。自分の存在が誰かのモチベーションになるなんて決してないと思ってましたから。みんなのおかげで今の私がいます。


本当にたくさんの方に助けてこられました。

そう考えると、ダイエットはひとりでやるものじゃない。

辛辣《しんらつ》な言葉も、うれしい言葉も、全部ダイエットの糧《かて》になる。

「え？　痩せた？　どこが？」
周りの言葉は
素直に受け止めるべし。

本当にみなさん、ありがとう。

まずは目標を立てよう

成功しないダイエットをダラダラと続けてしまう。それは、明確な目標がないから。

誰しも不可能なことを目標にはしないですよね？　実現できると思うから目標にする。

私の場合、それこそ「48キロになる」「先を見たい」が目標。そして一度ゴールを決めてしまえば、ガーンと一気に落とそうが、ゆっくり落とそうが、先を見たいことに変わりはない。ゆえにモチベーションを下げずに永遠に続けられる。

たとえば、「2週間後に海水浴へ行くから、それまでに必ず○キロ痩せる」「成人式までに」「結婚式までに」などイベントを期限にするのもあり。

私は3カ月という短期で24キロ落とした達成感や、そのあと「めっちゃ食べる！」というご褒美期間を設けたときの喜び、さらに再びスイッチを入れる方法も知っているので、断然〝短期集中派〟です。

もしかすると、ダイエットが続かない人は長期派の人に多いかもしれない。とはいえ、長期が悪いわけではないですよ。順調にいっていれば現状維持でOK。ただ、「1、2カ月経っても変わりません」「逆に増えてます」と悩んでいる人は短期でもいいんじゃないかと思います。無理だけはしないでね。

体重を落とせない人なんかいないです。

もちろん、仕事があまりにも忙しかったり子供が生まれたばかりだったりで、「毎日の睡眠時間が2、3時間しかない」という人は難しいでしょうが、そもそもそういう人はダイエットしようという気さえ起きない。

普通に生活していて痩せないのは、結局食べてるからです。食べて動いてないだけ。

アスリートやボディビルダーの方たちも大会前には減量しますが、「減量に失

「え？　痩せた？　どこが？」
周りの言葉は
素直に受け止めるべし。

敗して大会に出られませんでした」なんて人はほぼいないでしょ。もともと太っているわけではないのに、確実に痩せている。徹底的にカロリーを抑えたり、食べてもそれ以上にきついトレーニングを課していたり。

じゃあなぜ彼らは欲に負けないでいられるのかといえば、「大会に出る」「優勝する」という目標があるから。

だからこそ、**目標はきちんと持ったほうがいい**。もちろん、本気になれる目標であることが前提ですが。

今の体重を
直視したくない。
それでも体重を測って
現実に向き合おう。

今の体重を直視したくない。
それでも体重を測って
現実に向き合おう。

「昨日食べすぎたから太ってるやろな。だから体重を測るのやめとこ」

……ダメです。体重を落としたいと思っている人は、**基本的に朝晩の2回、測りましょう。**

朝は、起きてすぐにトイレに行き、出すものを出してから体重計にのる。

夜は、寝る直前に。その日1日のダイエットがうまくいってるかどうかを調べる材料になります。「これを食べたらこんなに太るんや」。逆に翌朝の体重と比べて、「ひと晩寝るとこれくらいまで戻るんや」。

そんなふうに、自分の基準を把握できるように。

この1年、自分のカラダと向き合ってきたので、私は朝起きて「今日は何キロくらいやろなー」となんとなくわかる。「今日は痩せてる」「今日は絶対増えてる」と予想しながら体重計にのれば、実際にその通りになっている。

このとき大事なのは、ダイエットは一朝一夕《いっちょういっせき》にはいかないと自分に言い聞かせておくこと。1日単位で一喜一憂していると続きません。

筋トレや有酸素運動をたくさんしたからって次の日に体重が減ってるわけでは

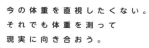

ない。いっぱい食べたからって次の日に体重が増えているわけではない。次の日、次の日って、**そんなすぐに結果は出ません**。

食事制限をしていても、便の出方・水分の摂取量で体重は見事に変化します。1キロくらいは余裕です。

これを3カ月のダイエット企画で身にしみるほど経験しました。私のインスタには体重の変化も載せていますが、見てもらえばわかる通り、めちゃくちゃ増えてる日もあればめちゃくちゃ減ってる日もあります。けど、2週間前と後を比べたら、ちゃんと減っている。そういうことです。

だからこそ、焦らず、めげずに、やり続けることをおすすめします。

私がダイエットが順調かを確認するのは1週間単位。

1週間分の体重をすべて足し、7で割って平均を出す。翌週も同じように平均を出し、前の週より数字が減っていたら◎。

今はアプリも豊富だし、グラフにしたほうが目に見えて結果がわかるので、こ今の体重を直視したくない。
それでも体重を測って
現実に向き合おう。

のやり方をする人はなかなかいないでしょうが。アプリに疎い人や、そこまでちゃんと体重を測ってなかったという人はぜひ試してみてください。

数字だけに囚われない

私の場合、体重だけでいったら48キロがゴールやけど、今は54キロくらいあります。数字だけでみれば、まだまだ、ですよね。

でも実は今、**それほど体重にはこだわっていません**。

というのも、一度、51キロまで落としているんですが、そのあと55キロまでアップしたときのほうが、確実に顔が痩せてるんです。周りからも「また痩せたね」と言われて。「体重は増えてんねんけどな」と心の中では思いつつも、いい気分だった。

それまでもトレーナーさんには「体重だけじゃない。見た目が重要やから」って言われてたけれど、本当の意味では理解できていなかった。それが、「ホンマや。

体重はあんま関係ないな」と実感しました。

なんなら顔だけでなく、カラダも今のほうが全然細い。筋肉量が増えたというのもあるけど、**トレーニングのおかげでカラダが引き締まった。**

だったら体重の数字だけに囚われるのは違うな、と。

それに、今30歳だったとして、45キロだった20歳のときがちょうど良かったから、あの頃に戻りたいと思っていたとします。でも、年をとれば体質もお肉の付き方も変わってきますよね。だんだんウエストにくびれがなくなってきたり、お尻がたれてきたり……。

そういう経年劣化を加味しないで体重だけを45キロに戻したとして、どういう体型になるかといったら、たぶんシワッシワになる。シワッシワになっても、なにがなんでも45キロを目指すんですか？ってことです。

体重も大事だけど、見た目はもっと大事。美しくてかっこいい女性になるためには、体重ばかりに気を取られない！

今の体重を直視したくない。
それでも体重を測って
現実に向き合おう。

体重や体脂肪が重ければ見た目もおデブとは限りません。しっかり動けば筋肉量も増えて痩せやすいカラダができ、見た目も劇的に変化します。

だからといって、私は48キロになるのを諦めたわけじゃないですよ。鍛えつつ体重も落としたら、どんなふうに自分が変化していくのか、また別の楽しみができたので。

過去の写真は捨てないで

少しの変化も見逃さない。これがダイエットを続けるコツです。だからこそ体重は測ったほうがいいのですが、もうひとつ。

写真を撮って記録に残しましょう。

体重計の数字だけに囚われすぎて体型を気にせずにいたら、なかなか自分の変化に気づけません。自分のカラダは毎日見ているからこそ、余計に。ときには、他人に言われるまで気づかない痩せ方をしていることも。

私も、変わっていようが変わっていまいが、自分のカラダをしょっちゅう撮影します。そうすれば、いざ1カ月前と今を比べたとき、スタイルがまったく違う！と実感。テンションがブチ上がります。

太っていたときの写真は少ないのに、痩せてからの写真は多い。これは普通に良いこと。だって痩せて自信がついた証拠やから。

けど、太っているときの自分（今の自分）もたくさん撮るべき。ダイエットが成功した人も、「デブ時代は黒歴史だから」と過去の写真を捨てないで。リバウンドを防ぐ意味でも、こんなにいい御守りはないです。「この頃の自分に戻りたいですか？」という戒めにもなるし。

私も過去の写真を引っ張りだしては「全然ちゃうやん」とニヤニヤ。「この人、えらい太ってんな」と、もはや他人みたいに思えてきます。

もっと言えば、昔の服も残しておくといいですよ。私はほぼ捨ててしまったの

**今の体重を直視したくない。
それでも体重を測って
現実に向き合おう。**

で後悔しています。

基本的にエスニック系のファッションが好きで、パンツのウエストは全部ゴムだったにもかかわらず、総取っかえに。正直、お金かかってしゃーない。

特に短期でのダイエットは、買い替えた先からサイズが小さくなって、また買い替えるの繰り返し。嬉しいことやけどね。

なので今となっては新たに買い足すのはやめました。最終ゴールまでいったら心おきなく買ったろ、と決めてます。

で、なぜ昔の服を捨てないほうがいいのか。

それは、**痩せてからその服を着たら、こんなにも違うの？って比較ができて楽しいから。**

しょうもないことでも痩せた喜びを積み重ねれば、大きなモチベーションに変わります。

ダイエットを
難しく考えるな。
「無理」って言う前に
とりあえず
やってみよう！

ダイエットを難しく考えるな。「無理」って言う前にとりあえずやってみよう！

「ダイエットしたいけど、まずなにから始めたらいいの？」

その気持ち、嫌というほどわかります！　初めてダイエットにチャレンジする人や、体重80キロ超えで相当ウエイトダウンしたい人は、そもそも始め方がチンプンカンプンなんですよね？　かつての私もそうでした。

でもそれは、ダイエットというものを難しく考えているから。

たとえば、「ダイエットってなにをしたらいいと思う？」って質問をされたら、どう答えますか？

間食をやめる？　ひと駅歩く？

……それでいいんです。**体重なんて、みんなの頭の中に浮かんだことをやるだけで減ります。まじで!!**

野菜や魚が中心の食事をする。お菓子を控える。夜は炭水化物を食べない。いつもの食事をちょっとヘルシーに変える。カロリーを気にする。スタバに行っても無脂肪乳に変更する……。

知ってますよね？　野菜・魚中心の生活なんて基礎中の基礎ですやん!!
「野菜・魚中心の生活が効果あるんや〜、知らんかった〜」とはならんでしょ？
「お菓子を控えたら痩せるんだ〜、へぇ〜」とはならんでしょ？
「そりゃそうだ」でしょ。

わかっているのになぜできない？

なぜやらない？

痩せたいと思うなら、とりあえずやろうよ！

ただ、毎食〝ストイック飯〟にするなら話は別ですが、「3食のうち夜だけ炭水化物を食べない」だけだと、体重はすぐには変化しません。そこで「効果がない」と諦める人は多いですが、1カ月続ければ必ず変わります。

なんでわかるの？　だって今の「高カロリーで好きなものばかり食べてる食生活」から「低カロリーなヘルシーフードを意識した食生活」に変えてるんですよ。摂取してるカロリーや脂質、糖質が減っているのに体重が増えるわけない。

**ダイエットを難しく考えるな。
「無理」って言う前に
とりあえずやってみよう！**

「けど実際増えました」


それは便や水分です。脂肪に変わるものではありません。

食生活9割、運動1割でも、体重はある程度まではスッと落ちます。そこから落ちなくなったら、運動もしないとダメですが。

「わかってるんです。けど食べちゃうんです」でしょ？

わかるわかる。私も前までそうだったから。

これに関しては……根性としか言えません。本気で痩せたい覚悟さえあれば、あとは自分のペースでいい。


スタバ飲みたいでしょ？

無脂肪乳に変更しようぜ。


お菓子食べたいでしょ？

いつも食べてる半分の量にしようぜ。

何も考えずにバクバク食べてたころ。これで痩せるわけないやん。

ダイエットを難しく考えるな。
「無理」って言う前に
とりあえずやってみよう！

夜ご飯はお米食べたいでしょ？

それをガマンして明日の朝に食べたらうまいぜ。

誰もがなんとなくわかってることをやるだけで、1カ月で2、3キロは落ちます。そしてダイエットに慣れてきたら、なにをすればいいの？って悩んでたことを忘れるくらい単純に思えるようになるはず。

それで少しずつでも痩せていけば、人間って絶対、他の人はどんなのをやってるんやろ？と、興味が広がっていく。そうなったら、いろいろと勉強したくなるし、「これは食べていいんや」とか「これはダメなんや」とか、知識も勝手に入ってきます。

だから最初は思いつくことだけをするのでいい。難しく考えずに自分ができることから始めましょう。

それでもまだわからない！という人のために、私が最初に始めたことをお伝えします。

［食事］

★間食をやめる

★ジャンクフードや揚げ物をやめる

★夜は炭水化物を食べない

★糖分が多いジュースなどは飲まない

★食物繊維やタンパク質などが豊富な食べ物から先に食べる

★腹八分目

★夜食、晩酌をやめる

［運動］

★エレベーター、エスカレーターを使わない

★ひと駅歩く

★信号待ちでお腹へコませる（85ページを見てね）

ダイエットを難しく考えるな。
「無理」って言う前に
とりあえずやってみよう！

などなど。

食事に関しては、**「今まで食べてたものを食べ物として見ない」**というのもあります。

大好きなジャンクフードや揚げ物を食べ物として見てしまったら、どうしても欲が出てくるので、意識的に「これは食べ物じゃない」「食べたら死ぬ」って考えて、完全にシャットアウト。

私は、「ポテトチップスってなに？　聞いたことない」ってあえて口に出して暗示をかけてました。「カラダに悪いんやろな」「おいしくないんやろな」って。

アホみたいなやり方ですけど、いまだにやったりしますよ。

階段をのぼるのが
世界一嫌い
だった女が、
筋トレにハマる。

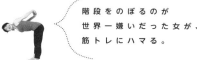

階段をのぼるのが
世界一嫌いだった女が、
筋トレにハマる。

「やっぱり運動しないとダメですか？」

……したほうが断然いい！

引き締まったカラダが手に入る、痩せやすいカラダになる、太りにくいカラダになる、体力がめちゃくちゃつく……メリットだらけです。

体重をある程度落とすだけなら食事制限でいけます。でも「短期間で一気に痩せたい」「見た目も美しくなりたい」なら、筋トレなどカラダを動かすトレーニングは必須。さらに、「リバウンドしたくない」のであれば。

一度、10日間好きなだけ食べたらどこまで太るのか、自分のカラダで実験したことがあるんですが、暴飲暴食を繰り返したにもかかわらず、57・2キロ→60・4キロと、3キロしか増えなかった。その期間は運動もしていないのに。

その理由は明白です。

ずばり、カラダを鍛えてきたから。

筋肉量が増えたことで新陳代謝も上がっていたんです。さらにその後、ダイエットを再開したらすぐに54キロまで落ちました。

「運動が大嫌いなんです」

うん、わかります。**私も「運動するくらいなら太ってていいわ」「世界で一番階段が嫌い」と公言していました。**電車を降りてすぐ目の前に階段、離れた場所にエスカレーターでも、わざわざエスカレーターまで歩いて乗るほど。

でもそんな私が、すっかりトレーニングにハマりました。

いや、歩く・走るといった有酸素運動はいまだに苦手ですよ。ただ、ダイエット企画でパーソナルジムに通うようになり、一口に運動といっても自分が楽しめるものもあると知った。

私の場合は、筋トレ。特に上半身のウエイトトレーニングが大好物。

以来、パーソナルジム以外に、プライベートで24時間営業のフィットネスジムの会員にもなり、毎日トレーニングをする日々を送るように！

休日は家から一歩も出なかった私がここまで変わったんです。だからみなさんにできないはずがありません。きっと自分に合った運動が見つかるはずです。

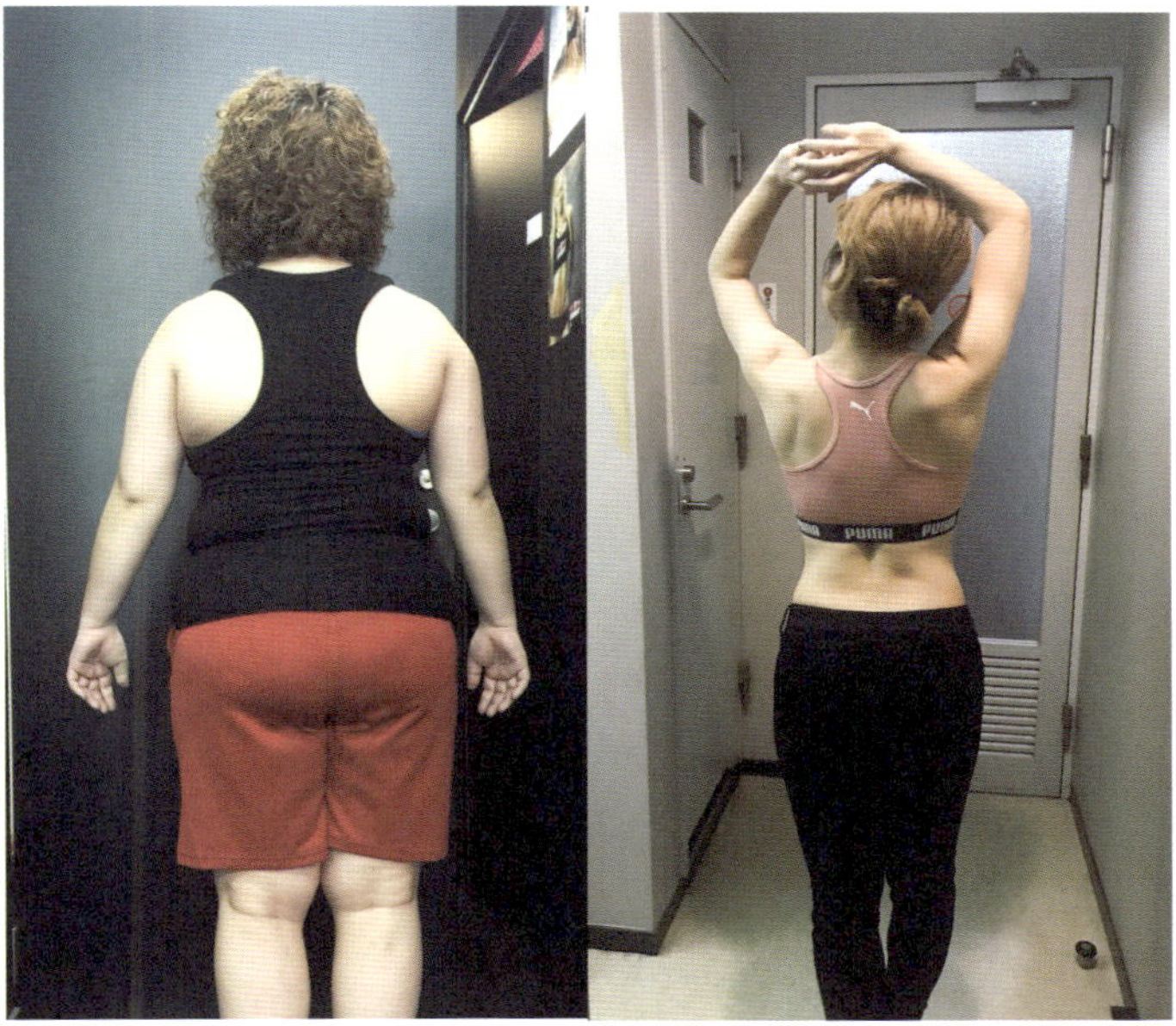

左と右、どっちも私。背中がキレイな女性ってホンマに素敵やから、私も背中の筋肉を頑張って鍛えてます。

運動が嫌いな人の中には、運動のイメージが数種類しかなくて、やる前から苦手意識を持っている人もいると思います。

「運動って言っても、なにをしたらいいんやろ?」って悩んでる人は、まずは歩くところから始めてもいい。

毎日エスカレーターに乗っているのを、階段に変える。水泳ならできると思えばプールに行ってみる。自転車こぎも、縄跳びも、フラフープも、全部運動です。社会人になって、学生の頃にやってたスポーツに改めて挑戦したらめっちゃ楽しい、とかあるじゃないですか。バレーでもバスケでも卓球でもダンスでも、もう一回始めてみるのもあり。

「そんな軽い運動じゃ意味ないよ」と言う人もいるでしょう。確かに、本格的に鍛えている人からしたら運動量が少ないかもしれない。

でも、家でゴロゴロしてるのと自転車をこいでるのと、どっちがダイエットにいいかって話。私はまったく無意味じゃないと思ってます。

ただ、**「普通の運動になにか一工夫するだけで、もっと燃焼力がアップするよ」**っていうのはあります。

たとえば、自転車もダラダラこぐだけじゃなくて、のぼり坂で勢いをつけずにゆっくりこいでみてください。めっちゃしんどいですよ。

それで続けるうちにゼェゼェ言わんようになったら、今度はもう少し負荷のかかることをしてみようかな、と別のトレーニングにも興味が湧いてくるかもしれない。

最初のきっかけはなんでもいいんです。いつものだらけた生活をちょっと変えるだけでも少しは体重がダウンする。そこから勢いがつけばいい。

とにかく、難しく考えないで!ってことです。

結果、しっかりトレーニングができるようになれば、おのずと見た目に変化が現れます。ジムに通わなくても、家でスクワットなどをやるだけでも、必ず。

サボらなければね!

とはいえ、人によって痩せやすい場所、痩せにくい場所は違います。私は上半身はけっこうわかりやすく結果が出たけど、下半身はびっくりするくらい遅かった。顔に至ってはさらに。

でもね、**私はアゴがふたつからひとつになりました**。エステに行ったりはしていません。

小さくなった理由は単純やと思います。脂肪が落ちていったから！　そして全身のトレーニングで歯を食いしばるなど、なにかしら顔にも力入るからかな？

あとは……よく笑う。

それもすべて、トレーニングをやり続けたおかげ。

急に気づくんです。「あれ？　脚、細《ほそ》なってる？」「お尻が上がってきた!?」って。これ、マジです！

なかなか結果が出ないからといってやる気を失ったり、トレーニングをサボれば、当たり前ですが痩せません。けど、諦めなければ必ず結果は出る。

アゴの肉が取れて、すっきりしたラインに。自分でもびっくり！

継続は痩せるなり！です。（しつこいって？）

パーソナルジムは友達に会いに行く感覚で

よく「どこのジムに行ってますか？」って質問をいただきますが、私は2つ入会していました。

ひとつは大阪・北堀江にある『BootyFitness』で、もうひとつは24時間ジムの『エニタイムフィットネス』。

ジムに入会することを迷ってる理由はそれぞれだと思います。

どこのジムか迷う。パーソナルのほうがいいのかな？　ジム行きたいけど恥ずかしい。勇気ない……。

まず、ジムの良さはカラダを鍛えられること。

今はネットの時代やから、YouTube見てたら丁寧に教えてくれてるトレー

ニング動画などめちゃくちゃ載ってます。でも初心者は、自分がちゃんと動画の通りにできているのか正直わからないですよね。もしかすると効果が半減している可能性も大。

本当に効かせたい場所をしっかり把握してやるのと、見よう見まねの自己流でやるのとでは、効果も疲労度も全然違います。

となるとおすすめは、やっぱりパーソナルトレーナーさんがマンツーマンで指導してくれるパーソナルジムです。予約するシステムなのでサボりグセがある人に向いているし、フォームや効かせる場所、食事の仕方、気持ちのよりどころなど、いろんなメリットがあります。

けど、ジムって入会する前までがしんどいですよね。すごく勇気がいる場所で、絶対見られてないのに他人の目が気になって、恥ずかしいが勝ってしまう。

その気持ち、死ぬほど共感できます！

でもね、本当にそれを思うのは最初だけ。**だって「ジム初めてなんです」っ**

てお客さんを、何人も見てきてるトレーナーさんたちですから。ウエイトトレーニングもその人に合わせたやり方で指導してくれるので、大丈夫。安心して！　トレーニング中、「しんどい！」「無理！」などトレーナーさんにぶつけてみてください。「無理じゃない」「しんどいのは効いてる証拠」「頑張れ！」などの言葉が返ってくるでしょう。

そういう楽しい会話ができるのもパーソナルジムのいいところです。

だからこそ、パーソナルジムは相性も重要。特にトレーナーさんとは。

私は、それが良かったから続けられていたんだと思います。

友達に会いに学校へ行く感覚で、普通に楽しい。わからんこと聞いて、宿題あって、やらんかったら怒られる、みたいな。インスタもチェックされてて、「なんかすごいもん食べてたな」とか指摘されることも。

どこのジムも体験はやっているはずなので、相性をチェックするためにもぜひ利用して、雰囲気を味わってみてください。

とはいえ、パーソナルジムはどうしてもお金と時間がかかります。そういう人は、まず24時間のジムに行ってみて、とりあえず見よう見まねでやってみるのもいい。スタッフさんがいる時間帯に行けば、マシンの使い方も教えてくれます。

選ぶポイントは、家からの近さ。これに限ります。パーソナルジムと違って予約もいらないし、行きたいときに行けるのが魅力ですから。遠かったら気軽に行こうってならないでしょ？

それでもジムはまだハードルが高い！　そういう人は日常生活でトレーニングを。

周りにバレずにできること、いくらでもあります。言うたら、座っててもできる。足上げとくだけでいい。歩くのなんか、通勤の時間内でできますし。

「時間ない」って言い訳はどうなんやろ？って、私は思ってます。

いつでもどこでもトレーニング

日常生活で私が心がけていること。

階段はかかとを使ってのぼります。

基本、みんな階段をつま先でのぼるじゃないですか。でもそれだと前側の筋肉しか使っていない。

ステップすべてに足を入れると自然とかかとで押し上げようとするので、ヒップアップにつながります。

降りるときは無理ですよ。踏み外して危ないんで。あくまで階段をのぼるとき。プラス、一段飛ばしにすれば完璧です。めっちゃしんどいですが。

自転車もペダルはかかとで押します。それから、坂道はわざとゆっくりこぎます。自然と太ももの筋肉を使うようになるので、尋常じゃないほど汗出ますよ。

立ってるときには常にお腹をヘコませてます。

ダイエットでくびれを作りたい、姿勢をよくしたい、引き締まったカラダを手に入れたい。そういう人はインナーマッスルを鍛えるといいんですが、お腹をヘコませるときにちょっとプラスするだけで、めちゃくちゃ簡単に鍛えられます。

その名も……**「ドローイン」**。

まず立った状態で姿勢を正します。そして息を口から吐きながらお腹を限界までヘコませます。その状態を15秒から30秒キープ。このとき、浅く呼吸しておへそあたりに力を入れるのがポイントです。

寝転びながらでもできます。やり方は同じ。仰向けに寝転がって膝を立て、お腹を地面に引っ付かせようとするイメージでやりましょう。手をお腹に当てて、ヘコみ具合を確認しながらやるといいですよ。

猫背《ねこぜ》が気になる人や姿勢を正せてるかわからない人は手を後ろに組んでやるのもグッドです。

回数ですが、私は1日何回って決めてません。ふとしたときに、「あ、やろ〜」っ

て軽い感じでやってます。

太ももとお尻強化のトレーニングは、公園でも可能です。足をのせたときに膝が90度になるくらいの段差を見つけて、のぼり降り。必ずかかとで押して体を持ち上げるのを忘れずに。

これなら、公園で子どもを遊ばせてるときにも目を離すことなくできます。変な目で見られるから、自宅などでやるほうがいいかもしれませんけどね。

主婦の方だったら、洗い物しながらお腹をヘコますでもいいし、歯みがきしながらスクワットをするのもいい。髪を乾かすときも腕を上げれば、ドライヤーがダンベル替わりになって二の腕に効きます。

ね、いつでもどこでもトレーニングできるでしょ？

こういうことを続けるのが大事。

ダイエット器具、生かすも殺すも自分次第

「大阪には一家に1台たこ焼き器がある」的な感じで、どの家にも1台はあるんじゃないかな?ってもの。

そう、ダイエット器具です。

テレビショッピングで有名になったものとか、なんちゃらキャンプ、なんちゃらリズムのＤＶＤとか、ダンベルとか……。

でも、押し入れの奥に眠ってたりしませんか? 洗濯物、積み上げてないですか?

いやいや、買って満足しない!

効果なかった、効き目なかった。効果があったかよくわからなかった……。

それは、気のせいです。続けないから効果がないだけ。「結果が出る前にやめてるやん!」ってこと。もしくは、それだけやって食べてるか。

詐欺じゃない限り、１００％無意味なのに商品化されてるものなんか、ありません。

「続かない」じゃない。「続かせる」です。

どんなダイエット器具も、生かすも殺すも自分次第。そのダイエット器具の効果を引き出すのも自分次第！

さ、今すぐ押し入れから出しましょう！　洗濯物どかしましょう！

せっかく高いお金出して買ったのにもったいない。ファイト!!

好きなものを
食べて痩せる!?
そんなうまい話はない。

よく聞く、**「好きなものをたくさん食べながらダイエット」「ストレスフリーダイエット」**。

そんなうまい話、あるかぁ!!

そんなんあったら全員ダイエット成功してるわ！って叫びたくなる。

いや、「豆腐が本当に大好きで……」とかなら別ですよ。でも、そういう人はそもそも太ってないでしょ。

「これを飲んで痩せました」みたいな広告もあるけど、オモテだけ見ないで。

私が考える、理想と現実はこんな感じです。

【理想】「このサプリメント飲んで、15キロ痩せた！」

↓

【現実】「このサプリメント飲んで、しっかり運動したら、脂肪燃焼アップして痩せやすい体質になった！」

post card

160 - 0022

恐れ入りますが
62円切手を
お貼り下さい。

東京都新宿区新宿5-18-21

吉本興業株式会社
コンテンツ事業本部 出版センター

ヨシモトブックス編集部行

フリガナ	性別	年齢
氏名	1.男　2.女	

住所　〒□□□-□□□□

TEL　　e-mail　　@

職業　会社員・公務員　学生　アルバイト　無職
マスコミ関係者　自営業　教員　主婦　その他（　　　）

ヨシモトブックス　愛読者カード

ヨシモトブックスの出版物をお買い上げいただき、ありがとうございました。
今後の企画・編集の参考にさせていただきますので、
下記の設問にお答えいただければ幸いです。
なお、お答えいただきましたデータは編集資料以外には使用いたしません。

本のタイトル

お買い上げの時期

年　　月　　日

■この本を最初に何で知りましたか？

1　雑誌・新聞などの紹介記事で（紙誌名　　　　）
2　テレビ・ラジオなどの紹介で（番組名　　　　）
3　ブログ・ホームページで（ブログ・HP名　　　　）
4　書店で見て
5　広告を見て
6　人にすすめられて
7　その他
（　　　　）

■お買い求めの動機は？

1　著者・監修者に興味をもって
2　タイトルに興味をもって
3　内容・テーマに興味をもって
4　書評・紹介記事を読んで
5　その他（　　　　）

■この本をお読みになってのご意見・ご感想をお書きください。

［　　　　］

■「こんな本が読みたい」といった企画・アイデアがありましたらぜひ！

［　　　　］

★ご協力ありがとうございました。

好きなものを
食べて痩せる!?
そんなうまい話はない。

【理想】「ノンストレスダイエット」

←

【現実】「365日24時間好きなものを食べていいダイエットなんて、あるわけない！　だからストレスは溜まる！　けど、ガマンして痩せたときのよろこびでストレスは解消される」

【理想】「ガマンしなくてもいい！　食べたいものを食べながらダイエット」

←

【現実】「3食のうち1食だけ好きなものを食べながら、運動もしっかりして体重キープ！　痩せたければ、目標体重になるまで食べたいものはガマン！」

本当のことをパッケージにしても売れるわけがない。だから、聞こえのいいキャッチコピーに変えてるんです。

わかってるわ！って人もいると思いますが、そのことを頭の隅っこに入れておいてほしい。

だって、ダイエットはしんどくてツライもの。

好きなご飯を毎食毎時間、食べられへんねんで？　食べたら多少なりとも運動しないとあかんねんで？

ストレス溜まるに決まってるやん。だからみんな、「ダイエットを続けられへん」「リバウンドしちゃった」って悩むんやろ？

ストレスがないダイエットなんてこの世に存在しません！

ダイエット＝ストレスです。

でも、結果が大きく出だしたらこっちのもん（そこまで行くのが大変やけど）。不思議なもんで、ダイエットが日常になれば、最初ほどストレスが溜まらなくなります。

なぜなら、体重が減ったときにそのストレスが全部消えるとわかるから。逆に、

好きなものを
食べて痩せる！？
そんなうまい話はない。

そのストレスを超える喜びが待っている。

いっさい妥協せずに頑張った後に食べるご飯は半端なくおいしいですよ。あの感動をまた味わいたい！って思えたら、ストレスなんてなんのその。

ダイエットを続けたらいつかは目標体重になるんやから、そこまで頑張るだけ！

弱音を吐きたいときは吐いたらいい

ダイエットしててツライ、しんどい。当たり前です。

だから、やめたい。いやいや、ちょっと待って。

ツライのは、ダイエットがしっかりできてる証拠じゃない？

好きなものを好きなだけ食べて、満足したら寝る。そんなふうに体重も気にせず過ごせてる人は、ダイエットに対してのストレスはないもん。

だからこそ、ダイエットを始めて好きなものを食べられず、嫌いな運動を頑張ってる人はしんどいんです。つまり、頑張れている証拠！

ついでに、「痩せたいけど自分に甘くて始められない」「三日坊主で終わる」……そんな自分が嫌って人もいるけど、自己嫌悪に陥るのも、頑張ろうと本気で考えているからじゃないでしょうか。

だって私が太ってたときは「痩せたい」って口だけで行動に移さずバクバク食べてたけど、本気で痩せたかったわけじゃなかったので、そんな自分が嫌になることはなかった。

ツライ。しんどい。でも痩せたい！

そう思っている今が本気で変えられるタイミングです。

そして、ダイエットをしていたら必ず来るのが、**「常にイライラして泣きそう」モード**。

テンションだだ下がりで、なにもしたくない、考えたくない。ダイエット食を見てイライラする。ジムに行っても、自分が頑張ってるのか頑張ってないのかさ

好きなものを
食べて痩せる!?
そんなうまい話はない。

えわからなくなる。

別に大会も出えへんし、今やってるダイエットは仕事じゃないし、別に痩せたところで見せる人おらんし……って完全に負のスパイラルに陥る。

最終的には〝無〟に。めちゃくちゃ失礼な話やけど、人としゃべってても心ここにあらずの状態。

このモードに入ったら抜け出すのに時間がかかります。

そういうとき、私が絶対にしないと決めているのは……**家でダラダラして「今日はもういいや」ってお菓子を食べたりしない!**

これができるかできないかが、ダイエットの行く末を大きく左右します。

どうしてもやる気が起きない。それなら、**どんどん弱音を吐きましょう。**

私の場合、吐いたら吐いたで、芸人仲間やトレーナーさんに**「じゃあやめたら?」「自分が言い出したことやん」「自分のためやのに、なに弱気になってんの?」**って言われるのが目に見えてる。

核心をつかれたら腹立つこともわかってるので、なかなか口に出しませんが、弱音を出せる人は出したほうがいい。いいストレス発散になるはずです。

「甘い物食いてぇぇぇ！」

弱音ではないですが、これは私もめちゃくちゃ言ってます。

リバウンドしても
ヘコむ必要なし。
あなたはダイエットの
仕方をもう知っている。

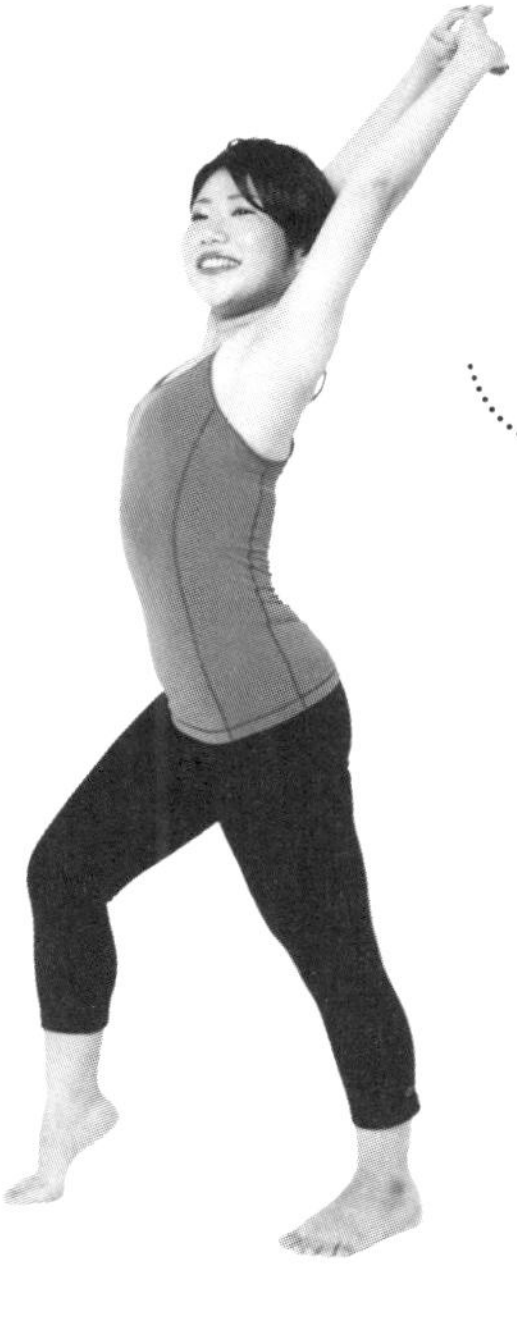

「リバウンドしちゃった……どうしよう……」

ダイエットした人からよく聞く言葉。

いやいや、「どうしよう」じゃなくて！　リバウンドしてしまったなら、またダイエットやって戻せばいいだけの話。

「どうしよう」と言っている時点で、リバウンドしたことを大して後悔していません。本当にヤバイと焦ってるなら、「どうしよう」なんて言葉は出てこない。

「リバウンドしてもうた。よし、明日からまたダイエット開始して痩せるぞ！」でしょ。「どうしよう」じゃない！

それに、**〝リバウンド〟＝1回ダイエットに成功してる**ってこと。つまり、ダイエットの仕方をもう知っている。

だったら、そのダイエットをまたやって痩せればいい。同じように努力すればいい。

リバウンドしちゃった……ってヘコむ必要はありません。

リバウンドしてもヘコむ必要なし。あなたはダイエットの仕方をもう知っている。

痩せたら前向きに、太ったら後ろ向きになるのがダイエットの特徴で、私もご多分にもれず、痩せたらめっちゃポジティブになります。

だけど違うのは、**増えてもネガティブにはならない**ってこと。どちらかというと、前ではなく上を見てる。「いったんねん！」「やったんねん！」と、闘志がメラメラと燃え上がる感じ。

痩せ方を知っているし、実際に痩せられるとわかっているから後ろ向きになりようがない。だからこの1年は、ずっと階段をのぼっている気分です。

もちろん、体重が増えたとき、パーソナルジムのトレーナー陣は厳しい。

「気ぃ抜きすぎちゃう？」

「今回光美ちゃん甘いな」

「余裕すぎて手ぇ抜いてるな」

……怖い。でも、図星！　だから気持ちを入れ替えて、本気モードに突入。

「はぁ？　やったろやないかい！」ってなる。

ちなみに本気モードの私は、過酷な食事制限とトレーニングを自分に課します。

トレーニング本気モードの私。
やったろやないかい!

真似したらリバウンドする確率が高いダイエット方法と言ってもいいくらい。

では、なぜリバウンドするかもしれないダイエットをするのか。

リバウンドすると思いながらダイエットしてないから。前の体型に戻りたくない。痩せた今が楽しい。その一心で根性を出してます。

だからといって、私のやり方をみなさんに押しつけるつもりはありません。

1カ月2、3キロのペースでゆっくり落としたい！　ガツンと7キロ落としたい！　目標は一人ひとり違うから

リバウンドしてもへコむ必要なし。
あなたはダイエットの仕方を
もう知っている。

こそ、その人に合ったダイエットをするのが一番！

ただし、**どんなダイエットも、結局は自分が本気かどうか。**リバウンドしにくいダイエットをしたところで、「リバウンドしない！」って意志が弱かったら確実にリバウンドします。

当たり前のこと。負けるな！

間食が
やめられないのは、
本気で痩せたいと
思ってないから。

間食がやめられないのは、本気で痩せたいと思ってないから。

痩せた今も、私の脳内は以前のままです。食べたいときはめっちゃ食べたいし、好きな食べ物——ジャンクフードや揚げ物も大好き。

よく、咀嚼《そしゃく》回数が多い食べ物は満腹中枢《まんぷくちゅうすう》が刺激されて満足感を得られるからいいって言われますが、私にしたら、そんなわけない。

自分がそのとき一番食べたいものを食べない限り、満腹中枢は刺激されません。どれだけ食物繊維が豊富で腹持ちがいいものを食べても、そのときケーキを食べたいなと思っていたらやっぱり別腹として入ります。私はね。

だから、153センチ・85キロのカラダになったわけやし。

なので、満腹感を追い求めてばかりいたら、当然、元通り。

今までの食生活のままで痩せ続けてる人なんて、聞いたことありません。みなさん、それなりに努力、ガマンしてます。

体重が減らない？　いやいや、それは食べてるからです。

動いている以上に食べたり飲んだりしてたら、そりゃ体重も増えますよ。

どうしても夜食べちゃう。間食がやめられない？

それは本当に痩せたいって思っていないから。

食べたきゃ食べたらいいんです。その代わり、「ダイエット失敗した」って口にしてヘコんでほしくない。それやったら「失敗してもうたぁ〜」って大笑いして！

何回やっても続かない。それも、本当に痩せたいって思っていないから。

昔の私は思ってませんでした。だから、「ダイエットしてんねーん」って言いつつも、甘いものを食べてブクブク太って失敗。「ダイエットなんてやめや、やめ!!」って大笑いしてました。

「今回はマジやから」って口にしたことないですか？

私は１００回以上言ってました。

本気やったらガマンできる！

間食がやめられないのは、本気で痩せたいと思ってないから。

休戦中はもちろん、食べます。ただ、量は減った。回数も。前は常になにか食べてたんで。それは全然なくなりました。「さっきこれ食べたから、もうちょっとやめとこ」とか、カラダが勝手にそう変化しました。

それでも、どうしても夜食や間食をとりたくなったら、**「今食べたらどうなるんやろ？」**と自問自答する。

「今食べていいの？」

「後悔しない？」

「後々、絶対響くよ」

太ってた頃の写真を見ながら、「これに戻りたいか？」って。

何事も、考え方ひとつ。ちょっと体重が落ちてても、それに甘えて「食べちゃおう」ではなく、「よし下がった！　明日はもっと下げたろ」に変換する。

「食べたいけど、自分がどこまでガマンできるかやってみよ！」

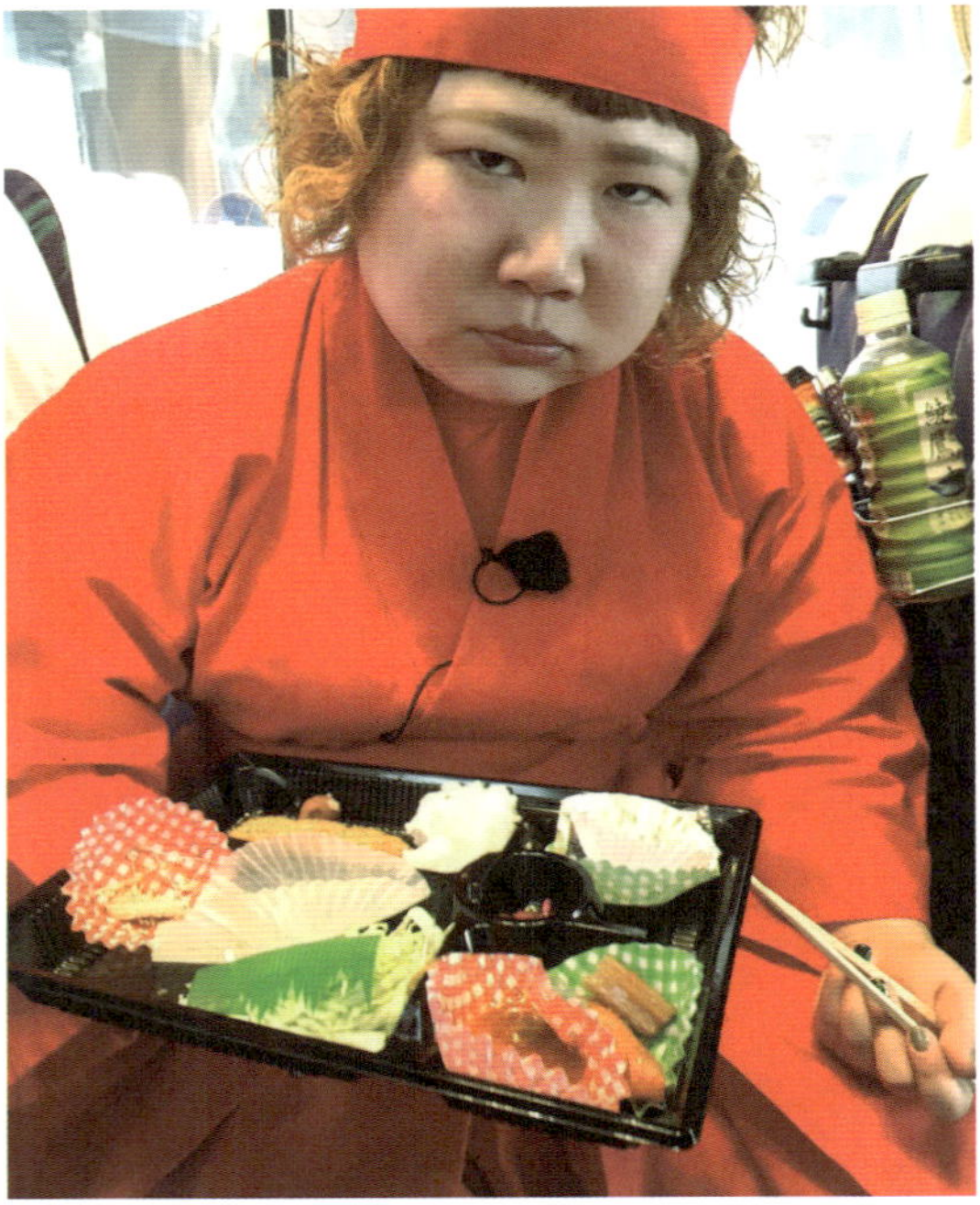

くじけそうなときは、太っていた頃の写真を見る。「このときに戻りたいん?」

「ガマンしてる自分、めちゃくちゃ頑張ってるやん！　すご。かっこいい!!」

私はこんなふうに思考を変えたことで、今や食べないのが当たり前に。だから食欲が出てきても、自分自身をコントロールできます。

結局は、自分の精神との戦いなんです。

間食がやめられないのは、
本気で痩せたいと
思ってないから。

全裸で鏡の前に立つ

鏡の前に立ってマジマジと自分のカラダを直視する。もちろん、全裸で。

これも、間食や夜食へのストッパーになります。

自分のお腹の肉や二の腕をつまんで、**「タッポタポやん」「こんだけあるのに……えっ、食べようとしてたん?」**って自分に問いかける。

さらに私は、毎朝のチェックも欠かしません。

起きて、トイレで出すもの出して、着ているものを全部脱いで鏡の前にパッと立つ。「あー、まだちょっとなぁ」みたいになったら、「今日の朝ごはんはこれにしようかな」と変えたりもする。

「今日は運動めんどくさいなぁ」と思ってても、たるんだお腹やお尻、足を見て危機感を覚えれば、やる気が出てくる。

あと、服屋さんに行ってスキニーとかを試着するのもあり。「あれ?」ってなるから。私も経験済み。

「あれ？　こんなに内もも、たるんでたっけ？」って焦った瞬間、試着室でスクワットしたわ！

「自分にご褒美」
と甘やかす前に、
いったん深呼吸。

ダイエットの落とし穴は、体重が2、3キロ落ちてきたあたり。

そのとき頭によぎるのは、

「ちょっと落ちたし、ご褒美にクッキーひとつくらい食べてもいいやろ」

それが、次の日もその次の日も続いて、ほぼ毎日に。

こんなことを言った経験もないですか？

「今日1日くらいめちゃくちゃ食べても大丈夫やろ。明日運動してカロリー消費するしぃ〜」

次の日。「かなり運動してお腹減ったー。けど昨日爆食いしたから今日はガマン♡」

そして次の日。「昨日頑張ったし、今日は食べても大丈夫や！」

結果、体重が増えたり変動しなかったり……。

「なんで結果が出んのやろ」って？

当たり前です。

「自分にご褒美」と甘やかす前に、いったん深呼吸。

これを勘違いしてる人がとにかく多い！

その1日で爆食いした高カロリーは、1日の運動量では消費できません。アスリート並みにトレーニングできるなら話は別ですが、無理ですよね？

「飲み物くらい平気でしょ？」

いやいや、飲み物も糖分すごいよ？

食べる前、飲む前に、まずはいったん深呼吸して考えましょう。

それはあなたにとって〝ご褒美〟ですか？　〝甘え〟じゃないですか？

ご褒美は本来、なんのためにあるか。目標を達成した人が与えられるものですよね。

達成してないのに欲を満たすために1週間に1回、好きなだけ食べる。それはご褒美とは言わない。ただの甘え。**ご褒美という言葉を使ったらなんでも許されるなよ、**です。

いくらその週、トレーニングをものすごく頑張ったところで、結果が出ていなければ、ご褒美を与えてはいけません。

無駄なご褒美が多すぎるから痩せないんです。カラダを作れていない人は特に。カラダを鍛えて代謝を上げている人は、食べた物を脂肪に変えない燃焼パワーを持っています。メンタル面でも、オン・オフのスイッチがしっかりあるから、ご褒美になる。

一方で、カラダを作れていない人は、〝ご褒美〟という名の〝甘え〟が脂肪に変わる。オフスイッチのみでオンスイッチが見当たらないから、リバウンドもすぐ。

一生、減量メニューを食べろとは思いません。私も、「〇月〇日までに何キロ落とす」という短期目標を立てて、クリアできたら、そのときはご褒美として気が済むまで食べまくりますし。けど、その後からまたガッツリ動く。

でも「ちょっとだけ」「今日だけ」が多くてなかなか痩せない人は、**まず食べたい気持ちに打ち勝つカラダ、強いメンタルを手に入れてから、ご褒美をあげるようにしましょう。でないと一生そのままです。**

「自分にご褒美」
と甘やかす前に、
いったん深呼吸。

私もやり始めは「え……こんなに厳しいの？」って落ち込みましたが、リバウンドしにくいカラダとココロにバージョンアップして以降、厳しいとはいっさい思わなくなりましたよ。

ガマンしている自分を褒めてあげよう

間食はなんとかガマンしてるけど、夜にお腹がすいて眠れないこともありますよね？「3食食べたけどまだお腹すいてる」「お昼ご飯から夜ごはんの間が長すぎて空腹に耐えられない」とかも。

そういうときは「ああお腹すいたー」「もおお！」ってイライラしがちになるもの。

でも、考え方を変えるチャンスです！

空腹のときは、今、**脂肪が燃えている真っ最中**って考える。そんな絶好のタイミングになにか食べたいって思いますか？

それに、お腹がグーグー鳴るのはガマンできてる証拠。ガマンをマイナスに捉えず、前向きに頑張ってる自分を褒めてあげて。「ガマンできてる自分、かっこいいやん！」って。

だから私はあえてお腹の音を聞きます。で、**「鳴ってる〜♡」「自分すごい頑張ってる〜」**ってニヤニヤ。そのうちお腹が減ってること自体、考えなくなります。そして寝て朝起きたら、「おー、よう耐えた！」って、再び自画自賛です。

その後はウォーキングをして、帰ってきてから朝ごはん食べる。すると、脂肪燃焼はアップします。その際に食べるものは、タンパク質や食物繊維が豊富なものが基本。それらを先に食べてから、糖分、脂肪分をとるのがコツです。

ダイエットの成果が少しずつ現れてきたときも、**自分で自分を褒めちぎりましょう。**周りにあまり気づいてもらえてない時期は特に。

「横から見てもあごがシュッとしたね！　これで横から顔見られても恥ずかしく

「自分にご褒美」
と甘やかす前に、
いったん深呼吸。

ないね〜！」

「よくここまで頑張ったね〜！　光美すごい！」

ただし、褒めるだけでは甘えが出てくるので、一方で叱咤《しった》激励も。

「とはいえ、まだまだやで？」

「これで満足していいん？　まだまだ脂肪あるよね？　もう痩せた気でおるん？　ウケる〜」

褒めるのが1割、厳しくするのが9割くらいのバランスで！

ダイエットは
一生もの。
だからといって
常にストイックに
ならないで。

ダイエットは一生もの。
だからといって
常にストイックにならないで。

当たり前のこと言います！

太っていればいるほど、必死にならないと痩せない。そしてリバウンドしないため、ダイエット成功後も頑張らないといけない。

だって、もともとジャンクフードが大好きやった人が、ダイエット成功したからってベジタリアンになります？

つまり、**ダイエットって一生もの。**スタイル抜群のモデルさんでも体型キープのためにヘルシーなご飯を食べたり運動したりしてる。

とはいえ、「この生活が永遠に続くの？」と思ったら気が滅入りますよね。


でも、ご安心を。目標達成したり標準体重までいった人は、好きな物も食べながらダイエットできるんで、今のハードなダイエットが永遠に続くわけじゃない！　そんなん、うちも嫌や。アイス食べたいもん。

そこへ到達するまで頑張るだけ。モデルさんさえ努力してるんだから、そうでない人は倍以上やらな痩せへんやろ。

それに、最初は無理やりでも、続けていれば自然と、**ダイエットしてること が普通になります。**

日常的にトレーニングをしてる人は「やらないと気持ち悪い」らしいです。その感覚はまだ私も理解できてません。ただ、自分の中でスイッチがあるんで、一度入ってしまえばトレーニングシューズを常に持ち歩いて、いつでもジムに行けるようにしてます。

仕事で東京に行くときも、夜行バスに乗って朝着いたらまずジムへ。トレーニング後は銭湯で汗を流して劇場に向かう。

傍《はた》から見たら「ストイック」なんでしょうが、そんなことはありません。ダイエット期間外はだらけてます。間食もしますし、芸人仲間と普通にご飯を食べに行ったりもします。

だけど、夜はある程度控えつつも好きなものを食べて、ジムにもほとんど行かず、体重はキープ。

もちろん、運動をしないままこの生活を続けたらアウトやけど。

ダイエットは一生もの。
だからといって
常にストイックにならないで。

ただ、それを初めて知ったとき、「この感覚でキープできるんやったら、全然つらないわ」と実感。
「てことは、**最終ゴールの48キロまで落としてしまえば、キープするのはそこまでしんどくないんや**」って目の前の霧が晴れるようやった。

48キロになったら自由な生活が待ってる。

それがわかって、ますますモチベーションが上がりました。

後悔している時間
＝
脂肪に
変わっている時間。

後悔している時間＝脂肪に変わっている時間。

「今日、飲み会でいっぱい食べちゃった……どうしよ」

違う、違う！　食べるのは仕方ない。周りから誘われたり、仕事でのお付き合いもありますから。

でも、落ち込む時間はムダ。自己嫌悪に陥って、後悔している間に脂肪に変わってしまいます。

勝負を決めるのは、食べてから2、3日の過ごし方。

食べたものが体内に入ったんだから、次の日に体重が増えているのは普通です。ただし、それはまだ脂肪ではない。食事を節制して運動すれば、脂肪に移行するのを防いでくれます。

私は「ちょっと食べすぎたな～」ってときには、遠い距離を1時間歩いて帰ったり、時間があれば家に荷物だけ置いてジムに行ったりします。食べて動かない人が痩せるわけないんで。

そして翌日は、起きてから自然にお腹がすくまで食べない。さらに一発目の食事はオートミール・野菜・鶏ムネ肉・ささみなどタンパク質か食物繊維が豊富なものをチョイス。

同じく、**食事と食事の間を空けすぎない**のもポイントです。たとえばランチが12時、夜ごはんが20時だとしたら、私は15〜16時に一度プロテインを飲みます。または、**夜ご飯の1品を先につまみ食い**しちゃう。私がよくやるのは、夜ご飯にキムチ30g食べる予定のときに、15時くらいからそのキムチを少しずつ夜ご飯までつまむこと。

「夜はお友達とピザパーティがあるから、それまでなにも食べない！」っていう人は多いと思うけど、それは逆効果。

ピザの時点でアウトやけど、せめて先になにかお腹に入れておくだけで暴飲暴食防止になります。ゆで卵とかいいですよ。

とはいえ、スイッチが入ってないときは私も全然ですけどね。家に帰ってゴロゴロして、「あー、おいしかった♡」で寝ちゃいます。過酷な3カ月を経験しているおかげで、スイッチさえオンになれば落とす自信があるからです。

まだその自信がない人は、後悔すると思うなら食べない。

後悔している時間＝
脂肪に変わっている時間。

そして、**食べて後悔する暇があるなら動く!**

食べるときには罪悪感を持つな

ダイエットを始めたばかりの頃、トレーナーさんに言われました。「罪悪感を感じたら終わり。**切り替えができれば勝ちだから**」と。

たとえば、「この目標をクリアしたら、2日間は好きなものを食べる!」と自分ルールを決めたとします。それなのに、いざ大好きなケーキを目の前にして「ずっとガマンしてたのに、食べていいんかな……食べたら太らないかな……」と躊躇してしまう。

そんな状態で食べておいしいですか?って話。

好きなものを食べるためにダイエットをしているはずなのに、本末転倒です。

それに、なにか口にするたびにいちいち罪悪感を感じていたら、ダイエットは続きません。最悪、食べることが怖くなって拒食症などの病気になる可能性もあります。

食べて満足したら「よし！　またやるぞ!!」でいいんです。

ちなみに私は3カ月のダイエットが終わったあと3日間好きなものを食べまくると決めてたけど、結局2日間で満足して、3日目には食事制限したりトレーニングしてました。

おいしいものはおいしく食べる。そして次の日はダイエットスイッチに切り替える。それが当たり前にできるようになったら怖いものなしです。

まぁなんやかんや言ってますが、食べすぎてたらどんな方法で頑張っても太りますけどね。腹八分目。これが最強。

よく聞かれる質問。

「食べる罪悪感はないですか？」

ない！　落とす自信があるから！

お腹が
すいたときに
ガブ飲み。
ゼロカロリーの
飲み物は
神様です。

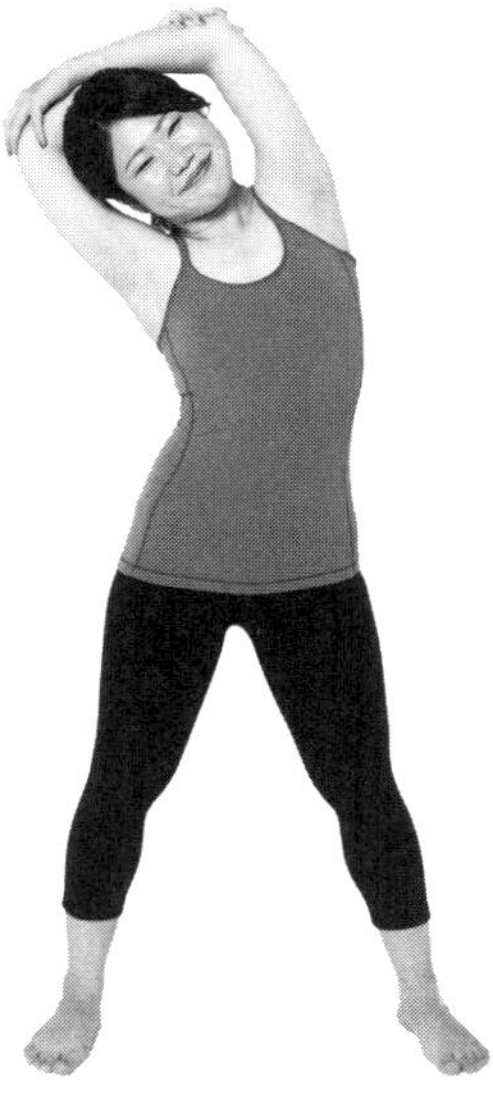

ダイエットの基本は、〝ひたすらガマン〟です。

だけど、欲はいっぱいあります。では、どのように欲を消しているのか。

頭で抑えるだけではなく、飲み物などで欲を満たす。

その筆頭が、**ＢＣＡＡの粉末入りの水。**

ＢＣＡＡとは、分岐鎖《ぶんきさ》アミノ酸のこと。プロテインの弱いバージョンみたいな感じで、トレーニング後の疲労を軽減したり、筋肉の分解を防いでくれます。めちゃくちゃ甘くて、まさにジュース。水に溶かしてもしっかり味がつくので食欲が収まります。種類が豊富で飽きないのもいい。

だから、トレーニング中以外に「どうしてもお腹がすいて発狂しそうや！」ってときは、これをガブ飲み。カロリーもしれてますし、ダイエット中には欠かせないおいしい水です。

そして、私の場合よくあるのが、ご飯前に「**今日はちょっとカロリー高い物**

お腹がすいたときにガブ飲み。
ゼロカロリーの飲み物は
神様です。

食べてもいいかな？」と思っちゃうこと。

それが頭によぎったら、いったん深呼吸して『コーラ』や『モンスター』など**ゼロカロリーの炭酸飲料を飲む。**

アホほど好きなものを食べてるときはゼロカロリー系はまったくおいしく感じひんけど、ダイエット中は神様のような存在になる。

コーヒーも飲みますけど、ダイエット中はブラックコーヒーが濃く感じるので、基本は、コーヒーと水を半々で割ってます。


どの飲み物をいつ飲むのか。

日中は、基本的にゼロカロリーの『モンスター』。エナジードリンクなので、めっちゃパワーが出るんです。だから、舞台前など脳をガッと起こしたいときに重宝。逆に寝る前に飲んだら覚醒してしまうので避けてます。

またダイエットで追い込んでいる最中は、パッサパサの鶏ムネ肉など薄味のものばかり食べるので、少しでも甘みのあるものを飲んで心を満たしたい。そんなときにも、ゼロカロリーの炭酸飲料は神です。

そしてトレーニング中や寝る前は、ＢＣＡＡ。むしろ一日中飲んでます。ダイエット中はとにかく水を摂取したほうがいいんですが、人によっては水は飲みにくくて大量に飲めない。そういう人にはＢＣＡＡを勧めてます。

私も、ダイエット企画3カ月目にトレーナーさんから勧められて味見させてもらったんですが、あまりのおいしさに即注文。ただ海外の商品なので届くまでに時間がかかって、企画中には間に合わなかった。

今は定期的に購入していますが、これさえあれば3カ月ダイエットはまだマシだったんちゃうかな？と思うくらいです。

飲み物以外で神だったのは、キュウリ。9割以上が水分だと言われているんで、夜中にどうしてもお腹がすいて仕方ないときにはけっこう頼りました。しかも利尿作用のあるカリウムが豊富なため、むくみ防止にもなる。

お腹がすいたときにガブ飲み。
ゼロカロリーの飲み物は
神様です。

アルバイトしている餃子屋でも、まかない代わりにキュウリをボリボリ食べてました。

「どうしても
ガマンできない」
そんなときは
プロテイン
パンケーキ。

「どうしてもガマンできない」
そんなときは
プロテインパンケーキ。

ダイエットでは〝ちょっとだけ〟が命取り！　自分が決めた目標にいくまでは〝ちょっとだけ〟もお預け。

ではなにで気を紛らわせているのかというと、インスタの記事を書いたり、YouTubeを観たり。自分が食べることを忘れて集中できるものに思考を切り替えます。

だけどどうしてもガマンできない！　いったん深呼吸しても無理！　体重は順調に落ちてるから、1回だけ食べてもいい？ってときには「**プロテインパンケーキ**」。

普段から小腹空いたなぁってタイミングで飲んでるプロテインを、パンケーキにするだけです。

欲が出すぎて、コンビニのお菓子やらドーナツやらを食べてしまったら、そこでダイエット終了だと思ってください。甘いもの欲なんていくらでも出てくるし、それをどう処理するかで今後、体重変化に大きく影響します。

私が作るときの分量はこちら。

プロテイン30g、ベーキングパウダー5g、卵2個（白身のみ）。

低脂肪ヨーグルト入れたらしっとりするとか、いろいろ方法はあるみたいやけど、最低限まで糖質・脂質を下げたくて、だから卵も卵白のみ。

そして材料を全部混ぜて焼く。油は引きません。そのために引っ付かないフライパンを買いました。

最後に、海外から取り寄せたゼロカロリーのシロップをかけて食べます。

普通に食べたら味気ないと思うけど、糖質制限してるときはホンマに満たされます。

その後出会ったのが、『ファイン・ラボ』というフィットネスショップのプロテインパンケーキ。作り方も簡単やし、高タンパクの低脂質で、シロップもカロリーゼロ。

普通のお店で出てくるパンケーキのほうが、もちろんおいしいよ。けど、ガマンしている中でのこのプロテインパンケーキはハンパなくおいしい!!　これは減

「どうしてもガマンできない」
そんなときは
プロテインパンケーキ。

量してる人にしかわからない。初めて食べたときはマジで幸せで、ひとりやったのにずっと顔がにやけてました。

なので、甘い物が食べたくなったら喫茶店でケーキ食べるとかコンビニでお菓子買うとかするんじゃなくて、こういうダイエットの味方的なスイーツもあるから試してみてください。ネットでも買えますよ。

ただ、できるだけガマンはしてくださいね。

プロテインはダイエットに必要？

「そもそもダイエット中にプロテインって必要なんですか？」

インスタでもよく質問されます。むしろ飲んだら太るんちゃうか、と。

飲んだからといって、太ることはまずありません。筋トレでカラダを鍛えている人はもちろん、軽く運動する程度という人が飲んでもＯＫ。さらに、食事制限だけの人にもおすすめです。

プロテイン＝タンパク質。トレーニングで分解された筋肉を修復してくれる栄養補助食品です。

まずは脂肪まみれのカラダでトレーニングして筋肉を作る。筋肉がつけば代謝が良くなり脂肪が燃焼しやすくなり、リバウンドしにくいカラダになる。その筋肉をキレイに作ってくれるのがプロテインって感じかな。

また、食事制限中は、カラダに必要な栄養素がどうしても不足します。特にタンパク質は圧倒的に足りていない。

そうなると肌荒れにつながったり、髪がパサパサになったりと美容にも悪影響。だからこそ、ダイエット中は朝からタンパク質をとる必要がある。

つまり、どちらかというと**「プロテインを飲め」というよりは「タンパク質をとれ」が正解**。食事で充分カバーできるなら、プロテインは飲まなくてもいい。

とはいえ、タンパク質を多く含む食材を朝からがっつり食べるって、なかなかしんどいですよね。そういうときの置き換えにもプロテインが活躍します。

「どうしてもガマンできない」
そんなときは
プロテインパンケーキ。

かといって、おやつタイムに菓子パンやらポテトチップスやらを食べて、そのうえプロテインを飲むのはダメですよ。私のオカンがやってました。それで痩せるか!!ってね。

コンビニを
ウロウロして
脳内で
お菓子を食べる。

コンビニを
ウロウロして
脳内でお菓子を食べる。

食欲を消す方法としてゼロカロリーの飲み物やプロテインパンケーキを紹介しましたが、次は「脳内編」です。

コンビニに行くといろんな誘惑がありますよね。食べたくなってしまったら、私は**いったん手に取って、欲が消えるまでウロウロする。ついでに頭の中で食べてみる。**

その間、「ホンマにこれ食べていいんか？」「食べて後悔せーへん？」「食べたら絶対体重増えてるで」って自問自答する。すると「いや、ちょっとやめとこう」っていう考えにシフトしていく。

服を買うときも、欲しいか欲しくないかわからんとき、ありません？「すっごくかわいいけど、今買うにはお金がな……」って悶々とする。で、いざ試着してみるものの、他の店舗も回ってみようとなって、結局買わないことのほうが多くないですか？　それと同じです。

最近は、劇場の事務所に「ご自由にお食べください」って貼り紙とともにチョコレートが山盛りあるので、それを両手いっぱいにすくって、思いっきり匂いをかいでます。

劇場の支配人には「変な薬やってるみたいで怖いから、やめて」って懇願されたけど、無視。だって、かぐだけで幸せになれるもん。安上がりな女でしょ？　すごくアホみたいな考え方やけど、こういう方法って意外に効き目ありますよ。

ガマンの精神を鍛えるという意味では、バイト先もいい訓練場に。餃子屋のうえ、生ニンニクを使ってるので、めちゃくちゃ匂いがすごいんです。しかも減量中は嗅覚が敏感になるんで、離れたところでキムチの蓋を開けてもすぐに気がつくほど。

ダイエットをスタートしたばかりの頃はめっちゃきつかったけど、慣れたら家でじっとしてるよりも落ち着くようになりました。むしろ、誘惑があったほうが「負けるか！」「絶対食べるもんか！」って血がたぎるように。

今やトレーナーさんにも「飲食店で働きながら減量できるのは、ホンマにすごい」って感心されるほどの鉄の心を手に入れました。

コンビニを
ウロウロして
脳内でお菓子を食べる。

買いだめは絶対にしない！

私が絶対にやらないと決めていることがあります。それは……。

買いだめをしない！

私は性格上、買いだめをしたいタイプ。しかも、前に書いたように、おデブちゃん時代は明日食べる用に買ったご飯やお菓子も、結局その日中に食べてました。なので今は、自分の性格を理解したうえで絶対に買いだめしません。明日の朝ごはんにパン1個買う、ということすらやらない。

コンビニに行く回数自体は減ってません。料理が大の苦手で、なんやかんやコンビニ飯が多いんで。

でも余分なものは買わないし、内容も変わった。

買うのは、2リットル入りの水と、ヘルシーな食べ物のみ。行く店舗はだいたい決まってるので、**買い物に行く前になにを買うのか頭の中で決めてから、それが置かれている商品棚に直行**。周りには目もくれません。

ただし、例外もあります。

私の場合、業務用スーパーに行ったときはめっちゃ買い込みます。鶏ムネ肉をはじめ、ブロッコリーなど冷凍野菜、サバ缶、オートミールといった、減量中の〝ストイック飯〟用食材が安く売られているんです。特にオートミールは普通のスーパーにはなかなかないけど、私が通う業務用スーパーでは必ず手に入る。

ジムが多い地区にある業務用スーパーに行くと、マジでマッチョな人しかいなくて笑います。それくらい品揃えが豊富ってことです。

買いだめした食材はすぐに下ごしらえをし、小分けにして冷凍しちゃいます。もちろん、「つい食べちゃう」ことはありません。だって、正直〝ストイック飯〟

コンビニをウロウロして脳内でお菓子を食べる。

なんて食べたくないですもん。

鶏肉を4キロ買ったその日に全部グラム単位でジップロックに詰める作業を想像してみてください。匂いをかぐのも嫌になるくらいしんどいですよ。

「食べちゃう」「買っちゃう」など、なにかしら直さないといけないとこは誰しもあるはず。だから、**自分の性格を踏まえたうえで改善策を見つける**のがベスト。

「いや、今回は大丈夫。絶対食べない。だから明日の分も今買っとく」

「今から食べるのは1個だけ。明日また買いに行くのは面倒くさいから今のうちにふたつ買っとこ」

こんなことを繰り返してるから太ってしまう。失敗の原因があるならしっかり対策を練る。弱い自分がいるなら強くなる。

難しくない！　簡単！　難しく考えるから難しくなるだけ！

「食べたいものリスト」でモチベーションを上げる

自分らしい楽しみ方を見つけるのも、ダイエットを続ける秘訣。

私は、**「ダイエットが終わったら食べたいもの・行きたい店」をリストアップします。**無計画になんでもかんでも食べるのも嫌やしね。

それが馬の鼻先にニンジンをぶら下げるみたいな感じになって、やる気が増す。

だいたい挙がってくるのは、ラーメン、焼肉、ハンバーガー、お寿司、パンケーキ……。太りそうなもんばっかり。でも目標達成して食べたら食べたで、「また次の日から頑張ろう」というモチベーションに変わるから問題なし！

けど、だいたいの人は歯止めがきかなくなってそのまま食べ続けるパターンだと思います。だから絶対に1、2日だけ。それが守れないと思うなら、やめたほうがいい。

本気で変わりたいと思うなら、歯止めがきくはず。

減量中はパンケーキのお店のインスタもめっちゃフォローします。寝る前にひ

コンビニを
ウロウロして
脳内でお菓子を食べる。

たすらチェックして、「よっしゃ、終わったらこれが食べられるぞ！」と心を満たす。

減量が成功して、ご褒美を思う存分食べたら、インスタのフォローも外す。特に理由はありませんが、食べて満足したら興味がなくなっちゃうんです。

ダイエットを始めたらアウトドア派になった

ダイエット当初、苦手な有酸素運動をするためにひねり出したのが、**インスタ映えの写真を撮る**こと。

須磨《すま》の海にひとりで行ったり、同期を誘って箕面《みのお》の滝まで出かけたり。ただし食事制限中だったため、お昼ご飯は持参したサラダチキンソーセージのみ。せっかくだからキレイな景色をバックに撮影です。

トレーナーさんには「まったく映えてないけどな」と突っ込まれましたが、楽しかったです。何時間も歩くのでいい有酸素運動になりますし、マイナスイオンたっぷりな自然の中に身を置くと、気分転換もできます。

おかげで超インドア派だった私ですが、すっかりアウトドア派に。ダイエットは人生を１８０度変えます。


楽しみを見つけるという意味では、塩にもハマりました。減量中に毎日食べる鶏ムネ肉は「味付け命」やから。

岩塩にもいろいろありますし、カレー塩、ポテトフライ塩、ステーキ塩、わさび塩……探せば、たくさん。

メインは鶏ムネ肉なんで、そこまで味が変わるかっていったら微妙ですけど、研究するのはなかなか面白かったです。

タバコを
やめたら太る？
いや、
逆に痩せた！

ダイエットする前は、ヘビースモーカーでした。1日2箱。漫才のネタ合わせのある日は3箱。相当やろ？

でも、4月の頭からダイエットを始めて2週間後、4月の半ばでやめました。前日まで後輩に、「もう好きなものは食べられへん、嫌いな運動もしなあかんって状態で、今タバコ取り上げられたら生きていかれへんわ」って言うてたにもかかわらず。

やめた瞬間は忘れもしません。

アルバイト中は、「タバコ行ってきまーす」って声をかけて喫煙スペースに吸いに行くんですけど、ふと思ったんです。

「食事も運動も、めちゃくちゃカラダにいいことやってんのに、百害あって一利なしのタバコをなんで吸ってるんやろ？」

なんかアホらしくなって、みんなに「タバコやめよっかな」と宣言しました。

「どうせ口だけやろ？」

タバコをやめたら太る？
いや、
逆に痩せた！

「……そうかも。じゃあ、いったんタバコ吸ってくるわ」

自分の決意が本物かを確認するべく、再び喫煙スペースへ。

めっちゃ葛藤しました。タバコ、ライター、携帯灰皿が入ってたタバコケースを見つめながら、「やめようかな。やめるのやめとこうかな。どっちにしよう」って、バイト中やのにひとりで30分、ずっとモヤモヤ。

だけど急に〝やめるスイッチ〟が入った。そのまま全部、バイト先のゴミ箱にバンと投げ捨てたんです。

で、自宅に帰ったらすぐ灰皿を袋に入れて、マンションのゴミ箱に捨てに行った。

やめて最初の3日間は発狂です。ジムやネタ合わせの場で「タバコ吸いたーい！」って叫んでました。

だけど2週間も経てば、平気に。というより、過酷なダイエットのせいでタバコのことを考える余裕がなくなった、というのが正しいかも。

トレーニングにハマって、食べること以外に没頭できるものを見つけられたのもプラスに働いた。

おかげさまで、**今となっては「タバコを吸いたい」とさえ思いません。**夢は見るけどね。

タバコをやめたら太るとよく耳にするけど、逆に私は痩せたったで！　ははは。

だってダイエットだと食に走れないし、気を紛らわせるならトレーニングをするしかないもん。

要するに、**「頑張れば、タバコをやめても太らない」**。これが真実。

質のいい
睡眠をとると、
その後の体重が
全然違う。

この1年を振り返ってみて改めて気づいたのは、ダイエット初期の内容が本当に大事だということ。

まず、ヘルシーなご飯をしっかり3食食べて、動く。

食事を抜くと、代謝が悪くなってエネルギーが作れないし、便も出なくなる。体重が動かないならまだしも、逆に増えることもあります。食べて運動して便が出れば、体重は当たり前に減ります！

そしてなにより、生活リズム！

決まった時間に起きて、ご飯を食べて、寝る。そうすれば、決まった時間に便も出て、ある程度一定の周期で体重が落ちていくので、「体重がなかなか落ちひんな」って不安感がなかったです。

中でも、**質のいい睡眠をとっているか・いないか**は重要。

睡眠はとにかくエネルギーを消費するので、**寝不足のときとしっかり寝たときでは、体重も全然違います**。日常的に減量をしている人の中には、最高級のベッ

質のいい睡眠をとると、
その後の体重が
全然違う。

ドを買う人もいるくらい。

私は、ダイエット企画の最中はアルバイトをしていなくてダイエットに集中できたのと、それまでカラダを動かしていなかった人間がいきなり激しいトレーニングをするようになったせいで、帰ったらバタンキュー。最初の1、2カ月は朝まで熟睡できて、かなり調子がよかった。

ただし3カ月目に入ると、目をつぶってもめまいがして寝つけないうえ、1、2時間起きに目が覚めてしまうというしんどい状況に。

だからこそ24キロ痩せたわけですが、そこまで過酷なことはしたくない！という人は適度な食事と睡眠を心がけましょう。

そのふたつがちゃんとできてない日は、やっぱりトレーニングも楽しくないです。まったくパワーが出ず、すぐに疲労が溜まって、フォームもぐっちゃぐちゃ。痩せないし筋肉も落ちていく一方ですよ。

とはいえ、仕事の内容によっては規則正しい生活やぐっすり寝ることが難しかったりしますよね？

私も普段は、夜に仕事やアルバイトをしているし、不眠症気味&寝る前についい考え事をしちゃうので、明け方にようやく寝る感じです。

そんな中で、せめてもの対策として気をつけているのは、食事の時間。なるべく決まった時間帯に朝ご飯、昼ご飯、夜ご飯を食べるようにしています。特に夜は、就寝時刻が何時になろうと、20時以降はなにも口にしません。

それでも無理な日は諦める。

だって**無理なもんは無理**やから。

ダイエットの
知識を
増やせば
増やすほど、
結果につながる。

みなさん、勉強は好きですか？　私は大っ嫌いです。けど、ダイエットって知識が増えれば増えるほど楽しくなるから勉強する価値がありますよ。

たとえば、ダイエット関連でよく聞くけど、ちゃんとした意味がわからない言葉って、ないですか？　どういう効果があるのか、どんなときに食べたらその効果を発揮するのか、とか。

で、勉強した結果、**私が気にするようになったのが、血糖値**。

はぁ？　どうやって？　え…？　糖尿病なの？　いやいや、違います。ダイエットに欠かせないことだからです。

そこで、めちゃくちゃバカな私なりに簡単に説明します！　勉強嫌いな人もとりあえず読んでみてください。

1　人間はご飯を食べないと、血糖値がどんどん下がっていきます。

2　血糖値が下がったタイミングでご飯をガッと食べると、血糖値が一気に急上昇します。

ダイエットの知識を
増やせば増やすほど、
結果につながる。

3　するとインスリンってやつが、焦って大量に出てきます。このインスリンが、ダイエットの敵。「血糖値めちゃくちゃ上がってんじゃん。下げろ下げろー！」と、上がった血糖値を一定にするべく、各細胞にエネルギー源として糖を送り込みます。

4　しかし、糖が多すぎると各細胞が「あ、うちはもうけっこうです」「うちも入りませんわ」と拒否。余ったぶんは脂肪細胞へ。

こうなったら終わり。脂肪細胞は「うち、ぎょーさん入りまっせ」と無制限に受け入れてしまい、それが脂肪に変わります。

そして、太る。

つまりなにが言いたいかというと…「**余計な糖分をとるな!!**」ってこと。

これを踏まえて、私が気をつけていることは……。

1　血糖値が急激に上がる食べ物をなるべく避ける。

2　どうしても食べたいときは、タンパク質や食物繊維が豊富な野菜、魚といった血糖値を穏やかに上げてくれるものを先に食べる。
3　適度にプロテインやBCAA入りの水などを飲んで、血糖値が下がりすぎない状態を作っておく。

まぁ、完璧にはやってないですよ。だってお腹がすいて、やっとご飯の時間になったら「やったー」って一気に食べちゃうやん。けど、炭水化物をとりすぎないとか、最低限のことは意識しています。
知識が入る前までは「こんな細かいことやってても続かんやろ」って思ってたし、今もたまにそういう思考になるけど、やっぱりやってるのとやってないのとでは違いが出てくるものです。

また、運動前と後でも、食べるものは変わります。
運動前は、**炭水化物**。エネルギー源になる糖質（炭水化物）が必要です。

ダイエットの知識を
増やせば増やすほど、
結果につながる。

バナナやおにぎりなど手軽に摂取できる食べ物がグッド。そして運動する直前に食べるのではなく、少し時間を空けてください。逆流します。

そして運動後は、カラダにあったエネルギーがなくなっている、かつ筋肉の細胞が損傷している状態なので、修復してくれる**タンパク質**を食べる。

こちらは時間を空けなくてもＯＫ。むしろ、ゴールデンタイムと言われる、運動後30分以内に摂取するのがおすすめです。

タンパク質は、鶏ムネ肉やささみ、魚などに多く含まれていますが、さすがに運動直後に食べるのはしんどいので、そういうときはプロテインで補給するのがいいでしょう。

停滞しているようで、体重が減ってるときもある

ダイエットをしていると必ずやってくるのが〝停滞期〟。

減量中はどうしても食事からとるカロリーが消費カロリーよりも低いので、「こ

のままではエネルギーがなくなる。栄養不足だ！」ってカラダが勘違いしてエコモードに入ります。

だから、順調に減量できていたこれまでと同じことをしているのに、体重がピクリとも動かない。ここで挫折する人も多いですよね。

停滞期の乗り越える方法として、〝**チートを入れる**〟があります。

チートとは、カロリーの多いものを食べて「まだカロリー高い物食べるよー。大丈夫だからこのまま体脂肪落としていこうねー」ってカラダを騙すこと。控えていた炭水化物を食べることが多いです。ただ、これはあくまでも最終手段。本当に今の状態が〝停滞〟なのかを確認したいところ。

まずは1週間、様子を見ましょう。そして、前述したように体重の平均を出す。**数百グラムでも減っていたら、停滞ではありません。それまでダイエットが順調だったからこそ、落ちるペースが遅くなっただけ。**

ダイエット中とはいえ、お付き合いなどでたまに外食をする人もいるでしょう。そんな人はなおさら、チートなんて入れなくていいと思います。

ダイエットの知識を増やせば増やすほど、結果につながる。

食事制限と運動を変わらず続けていれば、体重は減っていきます。それでも不安なら、運動を増やしてみて。

私も3カ月のダイエット中、2回、停滞期もどきを経験しました。でも実は一度もチートを入れてません。

最初は、1週間なんの変動もしない状態に、「こんなに頑張ってるのになんでやねん！」ってイライラ。そのときはチートの存在も知っていたので、トレーナーに「チートどう？」って、しょっちゅう尋ねてました。もはやチートどうこうではなく、食べたい欲が強かった。

でも、トレーナーの答えはいつも「いや、もうちょっと待とう」。

「なにを待つねん！」「食べさしてくれや！」って不満タラタラでしたが、言うとおりにしてたら、再び体重がダウンしていきました。

結果的に、1カ月8キロペースで減ったので、なんの問題もなし。

だから、今、停滞に悩んでる人も、絶対に諦めないで！

糖質カットは「日常生活に支障をきたす」と心得よ。

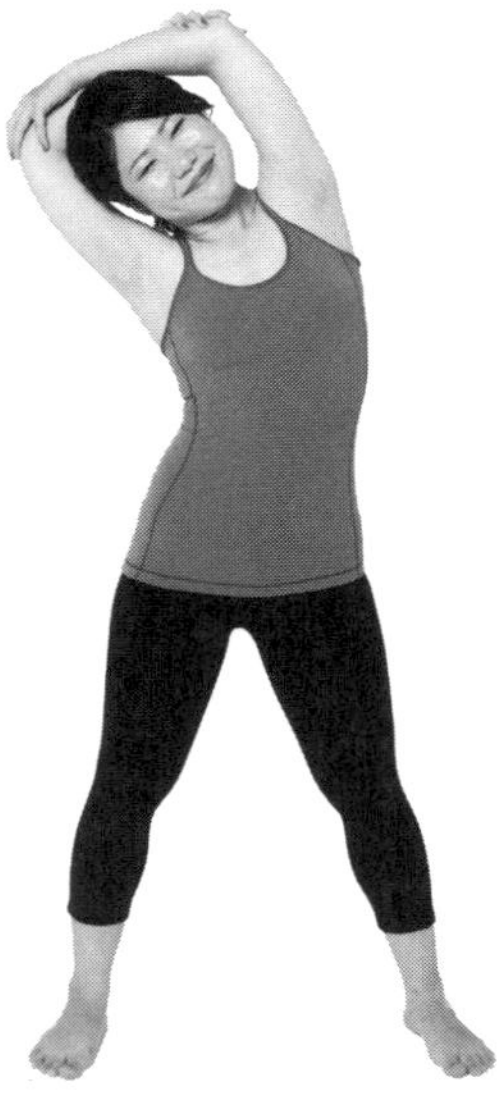

糖質カットは「日常生活に支障をきたす」と心得よ。

〝ケトジェニックダイエット〟って知ってますか？

糖質を制限するダイエットです。１日の糖質（炭水化物）摂取量を２０ｇ以下に抑えるので、ご飯や甘いものはいっさい禁止。

人間が１日動くためのエネルギーは糖質（炭水化物）から作られているため、糖質をカットすると体重がグングン落ちます。


インスタのＤＭで「ケトジェニックをしているのに体重が落ちません」という相談が来たことがありますが、そんなはずはない。ただ、やり方が間違っているだけ。野菜には糖質がないと思っている人は多いですが、トマトなんてめちゃめちゃ含まれてますから。食事制限中の大きな味方であるブロッコリーも、少ないながら糖質は入ってるので、食べる量には注意しないといけません。

正しいやり方で糖質カットすれば、必ず体重は落ちます。でも、知識がないまむやみにやるのは、絶対にやめてください。

なぜなら、**糖質カットにはデメリットもたくさんある**からです。

カラダは元気がなくなり頭も働かなくなる。水分もなくなっていくのでお肌の調子も悪くなる。

だから、**トレーナーの指導をきちんと受けずに、シロウトの考えで挑戦するのは危険です。**

私の初めての糖質カットは、ダイエット企画3カ月目。

身も心もボロボロになりました。

というのも本来、糖質を抜いたときは脂質を多めにとるのが正解なんです。でも当時はそれを知らずに鶏ムネ肉・ブロッコリー・アスパラガス・卵白のみで過ごしていた。

おそらくトレーナーさんからは、脂質はOKだと言われてたはずなんです。ただ3カ月目の私はもう考えるのもしんどい状態やったから、アドバイスがちゃんと頭に入っていなかった。

だからよく、いろんな人に「目つきがおかしい。飛んでる」と指摘されたもの

糖質カットは
「日常生活に支障をきたす」
と心得よ。

です。マネージャーにも「光美さん、ほんまに大丈夫ですか？　仕事のために頑張ってはるのはわかるんですけど、カラダだけは壊さないでください」って懇願されたほど。

でもテンションだけは変に高くて、「大丈夫、いけるいけるー！」って突っぱねてました。

にもかかわらず、舞台でネタが飛んだ。めちゃくちゃやり慣れた定番のネタやったのに。なんとか終わらせて、そでに引っ込んだ途端、膝から崩れ落ちました。

それが2回あり、周りにも迷惑をかけてしまいました。

結局は、**しっかり栄養をとって、カラダを動かしてダイエットするのが一番。**「美ボディになりたい」「健康のため」……ダイエットする目的は人それぞれですが、カラダを壊してはなんの意味もありません！

断食はダイエット目的でやるものじゃない

〝断食〟に興味がある人も多いのではないでしょうか。

私は3年ほど前に仕事で、淡路島にある断食道場に入った経験があります。

5日間の断食と4日間の復食を体験して思ったことは……。

びっくりするくらいカラダがスッキリします！　全部がゼロになる感じで、終わったあとはものすごく気持ちがよかった。


ただし、断食中はとにかく苦しかったです。

ケトジェニックダイエットは、糖質を抜く代わりに脂質を多くとってエネルギーに変えます。でも断食なので、脂質もとれない。

ではどうなるかのというと、もうフラッフラ！　階段を上がるだけで息切れしたり、なーんにも考えられなくなります。道場内に図書館あったから行ってみるものの、文字を見てもまったく頭に入ってこない。

糖質カットは「日常生活に支障をきたす」と心得よ。

経過としては、

1日目。気が狂いそうになる（早っ！）。

2日目。毒素が溜まりすぎて高熱が出る。

3日目。食べてない・薬も飲んでないのに、なぜか熱が下がってくる。

4日目。完全に解熱して、気づけば花粉症もなくなっていて、お腹もすかない。

5日目。小鳥のさえずりや風のそよぎ……自然の音がめちゃくちゃ聞こえるようになる（気が狂いはじめたんじゃないよ。いい方向に繊細になってたんです）。

最終的に、6キロ痩せました。

そして食べてなかったぶん、大阪に帰ってきてから食べまくり……リバウンドしちゃいました。そのときは「痩せよう」って思ってなかったからね。

断食は、ダイエット目的だと、よほどの根性を出さない限り、リバウンドは必至です。

本当の良さは、体内の毒素がなくなりクリーンになる点。だから一度やるとハマる人が多い。私もそのひとりで、時間があればまたやりたい。ダイエットというより、カラダの中をデトックスする目的で。

興味のある人は、できれば断食の施設でチャレンジするのがおすすめです。個人でもできますが、本当にしっかり管理してやらないと、ぶっ倒れますよ。

毎月やってくる
〝あの日〟と
どう付き合う
べきか。

「すごい過酷な食事制限してるけど、生理止まったりしない？」「遅れない？」ってよく聞かれます。

3カ月のダイエット期間中は、生理が止まったり3日で終わったりと、私も実際に崩れました。急に食生活を激変させて、一気に体重を落としたのが原因です。でも、**いつの間にかダイエットにカラダが慣れて、4カ月目からはびっくりするくらい正常に戻りました。**そこからは、「あの3カ月はなんやったんや」ってくらい毎月きっちり予定日に来ています。

無駄なものは省いているけど、必要な栄養はしっかりとっているから。

たとえば、女性ホルモンバランスを整える脂質。「脂質って脂肪になるんじゃないの？」と気になりすぎて、極度に減らす人がいますが、それは間違いでっせ。不足すると生理不順になるし、代謝が落ちて痩せにくくもなります。むしろ食欲が増して過食してしまうことも。それから便も出なくなります。

なので、**脂質は敵だと思わず、しっかりとりましょう。**かといって、むやみ

やたらにいろんな脂質をとるのはNGです。

私が毎日飲んでいるのは、MCTオイル。Medium Chain Triglyceridesの頭文字を取ったもので、日本語に訳したら「中鎖脂肪酸《ちゅうさしぼうさん》」です。MCTオイルは、脂肪燃焼に効果があり、すぐエネルギーに変わるのがメリットです。でも油は油なので、そこまで食事制限をしてなくてしっかり脂質を摂取できていればわざわざ飲まなくても大丈夫。

ストイックな減量メニューにしている人や、最近体重が減らない人は試してみてもいいと思います。

私はMCTオイルを朝に大さじ一杯、夜に小さじ一杯飲みます。ただし、お腹が弱い人は朝に小さじ一杯だけとかのほうがいいかも。ピーピーになりますよ。

「月経前や月経中のトレーニングや食事をどうしてるのか」という質問も多いです。

これに関しては、答えるのが本当に難しい。人によって腹痛を伴ったり倒れそ

うになるくらいの貧血を起こしたりと、症状はまったく違いますから。なので、**無理やり頑張るのはやめてください。**

私はありがたいことにあまり生理痛がないので、月経中も同じメニューをこなします。逆に月経中のほうが体重が落ちやすい体質なので、運動量を増やしたりします。

私の場合、特に月経前は食欲がやばいです。なにをしててもお腹がすく。そしてイライライライラ。けど不思議なことに、月経後には「あぁ、今日はなんか全然耐えられるわー」と一変するんです。

その感覚を覚えておけば、1週間なんて余裕でガマンできます。「この空腹に耐えるのもほんの少し。これを乗り越えたら、またあの余裕の感覚に戻れるんや！」って。

生理中は甘いものをちょっとだけ食べるって人も、中にはいます。全然いいです。けど、それがスイッチになって爆食いしてしまい、せっかく痩せたのにまた増えるのを繰り返す人がほとんど。

歯止めがきかないなら食べないほうがいい。空腹が余裕のときの感覚を思い出しましょう。

それこそ、自分の意志次第。せっかく痩せたのにもったいないですよ！

おっぱい？　小さくなったで

バストの悩みも、女性ならでは。

「痩せたら、おっぱいがなくならない？」

これもよく聞かれます。

小さくなるかは、人それぞれ。私の周りは、小さくなった人のほうが少ない。トレーニングを続けたおかげで大きくなったという人もいますよ。きっと胸を残しながらのやり方もある。

私は……小さくなりました。まぁ、もともとめちゃくちゃ小さかったんです。「デブやのに貧乳！」って散々言われ続け、散々怒りまくってました。

だから、小さくなったというより余計なお肉がなくなったってことでしょう。

だって、前までは胸よりお腹が出てたけど、今はちゃんと胸のほうが前に出てるで。**ウエストにくびれができて、小さくともメリハリのあるカラダになった。**

それに、**重要なのは形ではないかい？**

垂れたおっぱいは嫌やろ？

お相撲さんみたいなバストだったのが筋トレにより確実に上がっているので、
私的にはオッケー！

気にしてないし……（笑）。

オシャレさ、
一切なし。
私の減量
メニュー。

もともと私は、料理はいっさいできませんでした。コンビニや出前ばかり。フライパンも3年くらい前に買って5回くらいしか使った記憶がありません。

レシピに調味料が3つ出てきた時点で降参。「片栗粉をお水で……」とか出てきた瞬間、「はい、無理～」と諦めてました。

でもインスタには、**「どんなものを食べてるんですか？」**など、ご飯についての質問が後を絶たない！

確かに、減量メニューって何回聞いても不安になるし、ささいなことが気になっちゃいますよね。私もそうだったので、気持ちはよくわかる。

でも、いくらダイエットに成功したとはいえ、私が料理について語るのはおこがましい。「絶対みんなのほうが上手に作れるはずやし」って、ずっと悩んでました。オシャレなダイエットメニューを載せてる本やサイトも腐るほどあるので、それを参考にしてもらったほうがいいんじゃないか、と。

で、ひらめいた。

オシャレさ、
一切なし。
私の減量メニュー。

みんなが私に求めてるのは料理じゃなくて、**痩せたときにどんな食材を口にしていたのか**じゃない？　食材さえわかれば、あとはみなさんが焼くなり蒸すなり好きにアレンジして、おいしいダイエットメニューを作ってくれるんじゃない？

というわけで、私が通常の食事制限で食べているものを紹介します。

肉

鶏ムネ肉、ささみ、ローストビーフ、豚・牛の赤身肉、レバー。ただし、鶏ムネ肉とささみ以外は1食につき50g以内に収めていました。

魚

全般。特にサバの水煮缶は、仕事場にも持っていけるし、保存がきくので、おすすめ。

きのこ

全般。

野菜

全般。ただし根菜は糖分が多いので、夜は控える。トマトも、糖分があるので朝のみ。ブロッコリーとアスパラガスは、低カロリー高タンパクなのでおすすめ。それから、夏バテ防止にもなるオクラは、ネバネバがあるので、鶏ムネ肉と一緒に食べると鶏のパサパサ感が解消されます。

炭水化物

白米、玄米、さつまいも、オートミール。炭水化物は体に必要な栄養素ですが、食べるのは朝か昼のみ、お茶碗一杯。夜は絶対に食べません。

調味料

塩、こしょう、ポン酢、オートミールにかけるふりかけ（卵または鮭）少量、減塩醤油、一味、山椒《さんしょう》。砂糖とみりんは避けています。

以上！

鶏ムネ肉は、いかに柔らかくするかが勝負！

私のインスタ史上、最も登場回数の多い食材。

それは……**鶏のムネ肉！**（もうわかってるって!?）。

低カロリー高タンパクで、減量には欠かせません。もう見るのも嫌になるくらい食べてます。

だからこそ、ムネ肉をいかにおいしく食べられるかが死活問題。

コツは、とにかく柔らかく調理すること。だって味付けは塩かポン酢だけやから、それしか方法がない。

では、どうやって柔らかくするのか。

繊維を垂直に断ち切るように包丁を入れれば、柔らかくなります。ただ、ムネ肉の繊維は方向がバラバラなので若干、面倒くさい。

もっと楽な方法はないかと探した結果、調理法に行き着いた。

ずばり、**鶏ムネ肉を炊飯器に入れて、ひたるくらいに水を入れ、炊飯のスイッチを押すだけ**。肉が、ほどよく蒸されます。

沸騰したお湯の中で20分放置とか、いろいろ研究したけど、これが最も簡単で一番柔らかかった。また一度に何個も調理できるので、たくさん作り置きできるのもポイントです。

朝、炊飯器にぶち込んでからトレーニング行って、帰ってきたら、できあがっている。ただ蒸し鶏の匂いが充満しているので、これだけはいつも地獄。もう嗅ぎたくないのに。

大量に作ったときは、タッパーやジップロックに入れて冷凍し、食事のときに電子レンジでチン。

そして、炊飯の40分も待てないときは、最初から電子レンジを活用。フォークでぷすぷすと鶏肉に穴を開けてから、半分くらいお水を張ったタッパーに入れて、レンジで2分。裏返して2分で完成です。

日によっては、ムネ肉を焼いて食べることもあります。その場合は、焼く前に塩水に15分ほどつけておくと、柔らかくなります。キッチンペーパーで水気を拭きとってから焼いてください。

光美の3分間クッキング

私みたいに料理しない（できない）人のために、普段作ってる料理を披露します。料理する人からしたら「料理ではない」って言われるようなものばかりですが、参考までに。

ちなみに、野菜類はほぼ、業務用スーパーの冷凍野菜。最初は普通のスーパー

で生の野菜を買ってたんやけど、冷凍のほうが安いので。

炒めるだけ飯

1　冷凍ブロッコリーを電子レンジ（500W）で2分30秒、冷凍ほうれん草を1分30秒、ラップをかけずにチンする。

2　油を引いていないフライパンでヒレ肉を焼き、色が変わってきたら1の野菜を加えて炒める。

3　最後に、塩こしょうのみで味付け。

※お肉を食べたいときは、お肉の中でもカロリーの少ないヒレ肉率が高いです。そして、牛ヒレと豚ヒレでもカロリーがかなり変わります。豚ヒレのほうが低カロリー・高タンパクなので、気になる人は豚がおすすめ。

オートミールチヂミ

1　水でふやけさせたオートミール、卵、千切りキャベツ、キムチを混ぜて

フライパンで焼く。

2　お好みで、ポン酢につけて食べる。

※オートミールは少しクセがありますが、この調理法だとあまり気にならなくなります。

オートミール丼

1　水でふやけさせたオートミールを器に盛る。

2　1の上に、ミックスサラダ（コンビニで購入）をのせる。

3　さらにキムチ少量、ひとくち大に切ったサラダチキン タンドリーチキン味、温泉卵（いずれもコンビニで購入）をのせて食べる。

※タンパク質と食物繊維が豊富な完璧丼です。めっちゃおいしくて、お腹もいっぱいになります。キムチはサラダのドレッシング代わりにもなって、ダイエット中は重宝しますよ。

サバミール

1　タッパーにオートミールとサバの水煮（缶詰）を入れて、塩適量を振り、オートミールが浸かるくらい水を張る。

2　混ぜたらレンジで3分チン。

減量メニューってカロリーとか栄養とかを気にしながら作らないといけないから、「難しい」って思う人も多いですよね。

難しく考えなくて〇Ｋ。材料のグラム数については、いつも〝だいたいこれくらいの量〟って感じでやってますし。

材料を買うタイミングで「脂質」「糖質」「カロリー」をなんとなく意識するだけでも、ある程度は抑えることができますよ。

また、困ったときには〝**日本人の心**〟を思い出すべし。

やっぱり和食って、完璧なダイエット食なんです。旅館で出てくる朝ご飯を見

ても、米にお味噌汁、鮭や卵焼き、納豆、ほうれん草のおひたし……。カロリー的にも栄養面でもホンマにヘルシー。

「なにを食べたらいいかわからない」って人は、日本の原点に立ち返りましょう！

1万円の
ファンデを
使ってた私。
今は2千円。

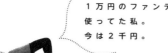

実は……『**日本化粧品検定**』の資格を持ってます。一番下のランクやけど。

もともと化粧品がめちゃくちゃ好きで、アホほどお金を使って自分を実験台にしてました。ダイエットもある意味、自分のカラダで実験している部分があるので、そういう〝とことん〟な性格なのかもしれません。

美容が好きになればなるほど、肌荒れが気になればなるほど、いろいろと試したくなって、高額なアイテムに手をつける。そして効果が出ずに飽きて後輩にあげ、また違うものを買うの繰り返し。

後輩は大喜びですが、羽が生えたようにお金が飛んでいって仕方がない。だから**ダイエットをきっかけに、化粧品にお金を費やすのをやめました。**

トレーニングにハマったおかげで美容に意識がいかなくなったという面もありますが、なんといってもダイエットはお金がかかる！　ジム代をはじめ、プロテインやBCAAなど、1カ月で3〜4万は出ていきます。

言うても私は、いまだにアルバイトをしている二足のわらじ芸人なんで、節約できるところはしたい。

そのとき、思い出したんです。昔、近くで目を凝らさないと気づかないレベルのソバカスが気になって、皮膚科のセンセイに「レーザーで消してください」ってお願いしたことを。

もちろん、止められました。代わりに言われたのが、「どんなに安いものを使ってもいいから、**〝しっかり保湿する〟〝肌をこすらない〟スキンケアを徹底する**だけでいい」。

当時は「美容命」やったから、あまり聞く耳を持てなかったんですが、ダイエットを始めてから〝背に腹は代えられぬ〟で実践してみたところ……。

「なんか肌、前よりキレイになってるやん！」

最初は食事を変えたせいかな？とも思ったんですけど、食事制限中は栄養不足で肌荒れしやすい。やっぱり一番の理由は、スキンケアの基本を忠実に守ったおかげ。

1万円のファンデを
使ってた私。
今は2千円。

もちろんタバコをやめたのも大きいし、運動をするようになって代謝が上がり、肌のターンオーバーもうまくいくようになったというのもある。

結果、いい影響が複合的に重なって肌の調子がどんどんアップ。今では毛穴も目立たなくなりました。

今使っているのは、ハトムギ化粧水、ハトムギ保湿ジェル、メルヴィータのオイルのみ。**1カ月で平均千円くらいしかかかってません。**

メイクも変わりました。前は1万円前後するファンデーションを使ってたけど、**今では2千円前後。**

ジムに行くときも必ず化粧をしているので、取れにくさを重視するように。で、いろいろと研究して行き着いたのが……。

メイク前にしっかり保湿。ファンデーションは顔全体に塗らない(気になる部分のみ)。

このふたつをちゃんと守れば、ウエイトトレーニングで汗をかいても、なかなか崩れなくなりました。

肌荒れが気になると厚く重ね塗りしがちですが、時間が経てば経つほど汚くなってしまうので逆効果。

むしろ、そこまでお肌が荒れてない人は塗らなくていいくらいです。

えっ!? と思うかもしれませんが、一度試してみてください。化粧直しが楽になりますよ。というか、私はほとんど直しません。

足し算ではなく引き算!!

80キロ台から
50キロ台になって、
できることが
増えた。

80キロ台から50キロ台まで痩せて、なにが良かったか。
まず〝できること〟が増えた。
そして、今まで知らなかった自分に出会えた。
あまりに世界が変わりすぎて、毎日が楽しくて仕方ない！

そんなわけで、みなさんのモチベーションにつながるかはわかりませんが、私にとってめでたい出来事を発表します。

【祝！】和式トイレに行けるようになった。
おデブちゃんがしゃがんだら後ろに倒れちゃうんで。それから、ゆったりしたパンツを履いてたから、下ろしたら床につくのも嫌やった。だから和式しかないところではひたすらガマン！　トイレに行きたくならないよう、水分補給も最低限にとどめてました。

80キロ台から 50キロ台になって、 できることが増えた。

【祝！】「こんなところに骨あるんや〜」って思うようになった。

肉で骨がどこにあるかわからなかったもんで！　お腹、腕、足、背中は想定内だったけど、まさか指まで痩せるとは……。さらに、「うちって意外と肩幅狭くて、ちゃんと女の子のカラダをしてるんや」ってのも新発見。

【祝！】「あ、今日むくんでる」ってわかるようになった。

かつては年中無休でむくんでたからね、それが普通やと思ってた。それが今や、「今日むくんでるな」って他人からも指摘されるように！

【祝！】服屋さんに入っても視線を感じなくなった。

そんなことはないやろうけど、「ウケる〜」って思われてるんちゃうかな？と被害妄想に陥りがちでした。美容院でのシャンプー後も同様。タオルを巻いて顔丸出しの状態で鏡の前に座るのがどんだけ恥ずかしかったか！

【祝！】憧れの「ワンサイズ小さいのありますか？」が言えるようになった。

今は基本、Mサイズを選んでますが、試着して「あれ、これはまだイケるな」となって、初めて「Sサイズありますか？」って店員さんに聞いた瞬間の喜びは忘れもしない。食べ物も含めて〝Sサイズ〟って言葉を使ったことがなかったんで。

【祝！】脚が組めるようになった。

太ももがジャマすぎて、以前は足首を膝にのせて手で押さえて、脚を組んだ〝つもり〟でした。あせもや股ズレもやばくて、色素沈着で真っ黒に。今は脚が組めるようになりました！

【祝！】体育座りで足の爪を切れるようになった。

体育座りをはばむお腹の肉がなくなったんで！　昔は脚を組んだつもりの状態で切ってました。

80キロ台から
50キロ台になって、
できることが増えた。

【祝！】指輪でオシャレを楽しめるようになった。

太ってたころは「クリームパン」って笑われてたのに、痩せてからは「そんなに指キレイやったんや」って褒められるように。指輪も食いこまなくなったんで、めっちゃ買ってます。

【祝！】本物のスキニーを知った。

スキニーをスキニーとしてはけるようになりました。太ってるときはなにをはいてもスキニーだったからね。

初めて買いに行ったとき、連れの後輩に「今私のはいてるスキニーは、オシャレスキニーなのか、それとも『まだやぞお前は』のスキニーなのか、どっち？」って聞いたら、「余裕でスキニーです！」って太鼓判を押してもらえたのはうれしかった。

【祝！】富士額《びたい》がチャームポイントになった。

顔が小さくなったおかげで、かけられる言葉が「デコ狭っ！　おもろい」から「富士額が素敵です」に変わりました。富士額って、美しい日本人女性の条件なんですって。それを聞いて以来、おでこをめっちゃ出すようになりました。

【祝！】電車の座席に堂々と座れるようになった。

昔は、6人掛けのシートに5人座ってたら、まず間違いなく無理。一応近づいて確認はしてみるけど、スペースがギリギリだと素通り。「イケるかな？」と座っても、隣の人にめっちゃ嫌な顔をされてました。

【祝！】もらうおみやげの種類が変わった。

おデブちゃん時代は、例えば沖縄だったらちんすこうとか、カロリーの高そうな食べ物ばっかりだった。いや、今ももらったら遠慮なく食べますよ。でも、食事制限をしてるかも？って周りが気にしてくれるんです。

多いのは塩や山椒などの薬味、紅茶やハーブティー。パックなどの美容系も増えました。

【祝！】問答無用で大盛りを置かれなくなった。

標準体型の子と一緒にご飯を食べに行くと、店員さんになにも聞かれず大盛りサイズや高カロリーなほうを目の前に置かれがちで、笑いながら交換するのがお決まりやったのが、ちゃんと確認されるようになりました。

【祝！】「お前には無理や」って言われなくなった。

ダイエットってしんどい、続かないってみんなわかってるんで、それを完全に成し遂げ、さらに痩せ続けてる私はストイックだと認識されるように。ダイエットに限らず、なにかを始めようとすると「できそうやなー」って言われるようになりました。

【祝！】「通れる？」って気をつかわれなくなった。

楽屋や劇場の通路が狭かったりすると、必ず「通れる？」って声をかけられてたし、お店でテーブルとテーブルの距離が狭いときには「私、奥行こか？」って気をつかわれてました。でもだいたい、ソファー席って奥側。本当はソファーに座りたいのに、通れない。そういうときは本音を押し殺して手前のイスに座ってました。

【祝！】いじられ方が変わった。

「痩せてもキレイにはならんな」っていじりに。いや、それもどうなん!?

「彼氏が欲しい」と何年かぶりに思った

周りの人曰《いわ》く、私は「恋愛に対してクール」だそうです。

「いや、彼氏ができたらめちゃめちゃ甘えんでー」って一応否定はしますが。

80キロ台から
50キロ台になって、
できることが増えた。

確かに振り返ってみれば、これまでの人生で彼氏は8〜9年前に付き合った人がひとりいるだけ。別れてからはリアルに恋さえしていなくて、「うち、このまま死んでくんかな？」なんて、たまに思ってたほど。

誕生日やクリスマスなどのイベントごとも好きじゃないし、だったら仕事をしていたいタイプではある。

そういう意味では、ザ・恋愛体質ではないかもしれません。

そんな私が、**ダイエットに成功した途端、急に「彼氏が欲しい！」と思うようになった。**太ってるときもたまに〝欲しいモード〟はありましたが、周りに言わせれば、今回はその期間が長いらしいです。

脳内はまだ85キロのままなので、〝痩せて自信が持てた〟わけでもないんですが、なんとなく欲が出た。

ジムデートがしたいんです。トレーニングの補助をしてもらいながら一緒にガンガン鍛えて、帰りに銭湯へ行って、風呂上がりのプロテインを飲んで帰る。それが理想です。
いつになることやら、って感じなんですけどね。

頭の中はいまだ
太ってた頃
のまま。

先ほど、「脳内はまだ85キロのまま」と書きましたが、恋愛に及び腰なこと以外にも変わらない思考は多々あります。

【残念！】大きめの服を選んでしまう。

店員さんの視線は気にならなくなったし、スキニーもはくようにはなりましたが、もともとエスニック系のファッションが好きなんで、ついついダボッとした洋服を手に取っちゃいます。

【残念！】お腹いっぱいにならない限り、なんかイライラしてしまう。

どれだけ食物繊維の多いものを食べようが、自分が好きなもの・今食べたいものをお腹に入れないと満足しません。ダイエット中はガマンしているんだから、イライラして当たり前です。

【残念！】食べてる最中に「お腹すいた〜」って言ってしまう。

頭の中は
いまだ
太ってた頃のまま。

これも満足度の問題ですね。

【残念！】お腹がすきだしたらジャンクフード系しか頭によぎらない。

痩せたからといってベジタリアンになるわけないやろ。一生、ジャンクフードは好きやと思います。ただ、死ぬほど大好物だったミルクティーだけはそうでもなくなりました。

よく見たら食べ物ネタばっか。

けど、なんとか気持ちを切り替えて頑張ってます！

〝頑張ったら
なれるカラダ〟
目指して
みませんか？

〝頑張ったらなれるカラダ〟目指してみませんか？

おデブちゃん時代の名残といえば、余った皮と肉割れの跡。急激に痩せたら必ず残るといっても過言ではありません。当然、私にも。

だから今は、体重を落とすことより、好きな食べ物をガマンすることより、余った皮に一番苦戦しています。

でも、その人の余り方にもよりますが、皮はなくなっていきます。ただし、食事制限だけではなかなか難しく、しっかりトレーニングしないと無理。時間もかかります。

さらに年を取れば取るほど治りは遅いし、皮がものすごく多いと手術するしか方法はないらしいです……。

私の場合は、**「筋トレを続ければ、皮が伸びていって自然となくなるよ」**とトレーナーさんに言われたんで、日々努力してます。

おかげで1年経った今では、皮をつまんで離したときの波打ってる感じがなくなってきた。あと少しや！

私もそうですが、今「痩せたい！」と思ってるみなさんの理想は、女優さんやモデルさんのようなカラダのはず。

だけど何事も一足飛びにはいきません。

まずは私みたいに、〝**頑張ったらなれるカラダ**〟**を目指してみませんか？**

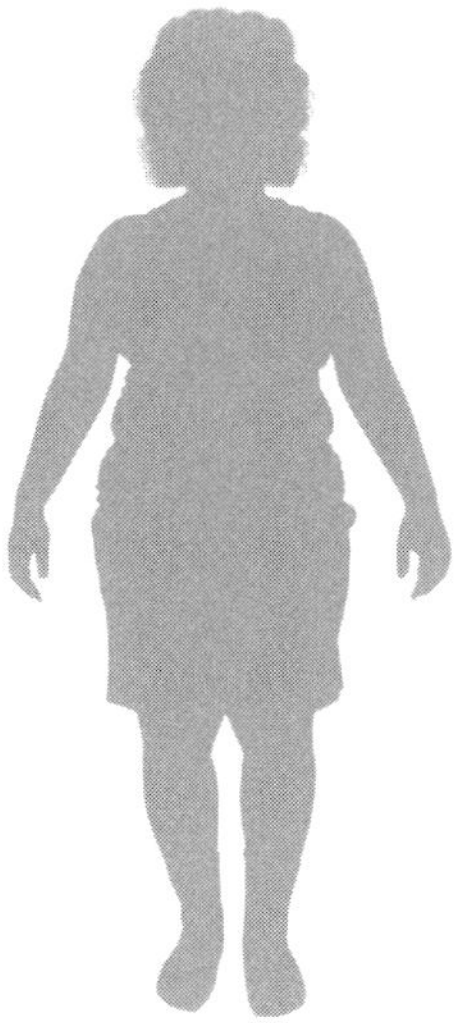

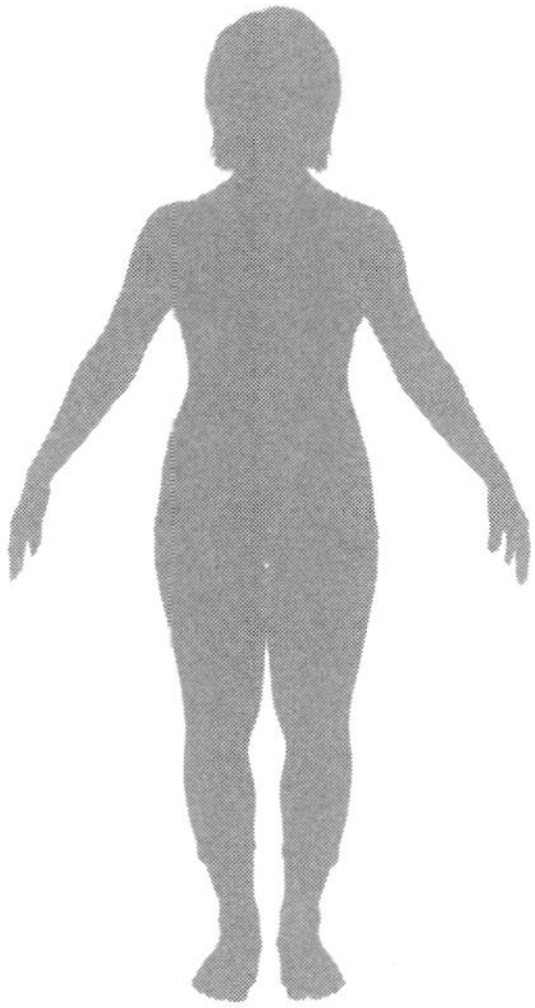

最後まで読んでくれて
ありがとうございます!!!
今の自分があるのは本当に周りの方のおかげです。
ダイエットにかぎらず何事も
自分1人ではできない。
たくさんの人に支えてもらって
たくさんの人に応援してもらって
たくさんの人に助けてもらって
今の自分がいる!!
だからこそみんなに恩返しができるように
本気で頑張ったうちからの
本気の応援本です!!!
ダラダラしていた20代、本気で何かに真剣になれた30代。
第2の人生、最高です
本当にありがとう!!!
そしてこれからも…よろしくっっ!!!
光美

大丈夫!!! 痩せるから!! まじで!!!

ダイエットの勝ち負けはメンタルで決まる

2019年11月10日　初版発行

著者　光美
発行人　松野浩之
編集人　新井 治
ブックデザイン　アルビレオ
構成　ヨダヒロコ（六識）
撮影　岡田佳那子
スタイリング　鳥丸由紀子
ヘアメイク　目代 遥
DTP　西本レイコ（ワーズアウト）
企画・編集　南百瀬健太郎
営業　島津友彦（ワニブックス）
協力　美尻太もも痩せBooty Fitness、スタジオレンズマン
発行　ヨシモトブックス
〒160-0022 東京都新宿区新宿5-18-21
TEL 03-3209-8291
発売　株式会社ワニブックス
〒150-8482 東京都渋谷区恵比寿4-4-9 えびす大黒ビル
TEL 03-5449-2711
印刷・製本　シナノ書籍印刷株式会社

ISBN 978-4-8470-9841-3